KB036831

자신에게 물어보라.
난 지금 무엇을 변화시킬
준비가 되었는가를.
잭 캔필드

어떤 아름다운 길은
길을 잃어야만 만날 수 있다.
에롤 오잔

걱정거리를 두고
웃는 법을 배우지 못하면,
나이가 들었을 때
웃을 일이 전혀 없을 것이다.
에드거 왓슨 하우

인간사에는 안정된 것이
하나도 없음을 기억하라.
그러므로 성공에 들뜨거나
역경에 지나치게 의기소침하지 마라.
소크라테스

Copyright © 2019 by Huang Qituan
Korean translation copyright © 2023 by DAVINCIHOUSE Co., LTD.
by arrangement with CITIC Press Corporation through Enters Korea Co., Ltd
All rights reserved.

이 책의 한국어판 저작권은 ㈜엔터스코리아를 통한 중국 CITIC Press Corporation 와의 계약으로
㈜다빈치하우스가 소유합니다.
저작권법에 의하여 한국 내에서 보호를 받는 저작물이므로 무단전재와 무단복제를 금합니다.

나를 바꾸는
인생 심리학

나를 바꾸는
인생 심리학

펴낸날 2023년 11월 30일 1판 1쇄

지은이 황시투안
옮긴이 정은지
펴낸이 김영선
편집주간 이교숙
교정·교열 나지원, 정아영, 이라야
경영지원 최은정
디자인 바이텍스트
마케팅 조명구

발행처 ㈜다빈치하우스-미디어숲
주소 경기도 고양시 덕양구 청초로 66 덕은리버워크지산 B동 2007호~2009호
전화 (02) 323-7234
팩스 (02) 323-0253
홈페이지 www.mfbook.co.kr
출판등록번호 제 2-2767호

값 17,800원
ISBN 979-11-5874-206-5 (03180)

㈜다빈치하우스와 함께 새로운 문화를 선도할 참신한 원고를 기다립니다.
이메일 dhhard@naver.com (원고 투고)

• 미디어숲은 ㈜다빈치하우스의 출판브랜드입니다.
• 이 책은 ㈜다빈치하우스와 저작권자와의 계약에 따라 발행한 것이므로 본사의 허락 없이는
  어떠한 형태나 수단으로도 이 책의 내용을 사용하지 못합니다.
• 파본은 구입하신 서점에서 교환해 드립니다.

지금은 인생을 고쳐 쓸 시간입니다

나를 바꾸는
인생 심리학

황시투안 지음
정은지 옮김

미디어숲

새로운 인생 궤도로 안착할
특급열차에 올라타라

당신은 무슨 별자리인가? 무슨 띠인가? 오늘날 점 보기, 손금 보기, 별자리 운세 등은 이미 운명에 대한 궁금증을 풀어 주는 것을 넘어 일종의 종교가 되었다. 사실 별자리, 띠, 손금, 사주에 관한 관심이 증가하는 이유는 불확실한 미래에 대한 불안감이 커서다. 그래서 점쟁이를 찾아가 점을 보며 자신의 과거와 미래를 알고 싶어 한다. 하지만 과연 우리의 운명은 하늘이 정한 것일까? 점을 통해 정말 미래를 알 수 있기는 할까? 도대체 무엇이 우리의 운명에 영향을 줄까?

나는 매달 몇 개씩 정해진 강의가 있고, 한 달에 20일씩 미국에 머물다가 돌아오면 바로 강의를 해야 한다. 계획을 세울 때 시차를 가장 걱정하는데, 미국과 중국의 시차는 10시간 남짓이다. 그래서 외국에서 돌아올 때마다 낮에는 어질어질하고 밤에는 잠을 잘 수가 없는 날이 많았다. 그런데 어느 날은 돌아오자마자 4일간 강의하는데도 시차 없이 수업도 잘하고 밤에도 잘 잤다. 이번엔 왜 시차에 시달리지 않았을까?

미국에서 중국으로 자주 날아와 강의하는 수지 스미스 선생이 있다. 그녀는 시차 문제를 겪지 않고 멀쩡했다. 왜 시차가 없냐고 물었더니 "시차란 있을 거라고 믿으면 있고, 없을 거라고 믿으면 없는 거예요."라고 말했다. 이번에 내가 직접 외국에서 돌아오자마자 일을 해 보니 그 말의 의미가 무엇인지 알 것 같았다.

불교에 업력(타고난 행동, 행위, 습관)과 원력(원하는 것을 이루겠다는 힘)이라는 용어가 있다. 시차는 잠자는 시간이 변해서 생기는 것이다. 당신이 다른 나라에서 생활하면서 그 나라의 잠자는 시간에 익숙해지면, 이러한 습관은 어떤 식으로든 당신의 몸에 기억될 것이다. 이런 습관의 힘은 일종의 업력으로 과거의 인생 습관이 미래에 영향을 미치는 관성적인 힘이다. 외국에서 돌아오면 자연히 몸이 그 힘을 따르게 된다. 그러나 내가 돌아오자마자 일에 임해야 할 때 나는 내 몸에 새로운 힘을 주었고, 그 새 힘은 불교에서 말하는 '원력'처럼 과거의 습관에서 벗어나 새로운 순환으로 접어들게 도와주었다. 점쟁이도 마찬가지라고 생각한다. 점술은 한 사람의 삶의 궤적을 관성적으로 추정한 미래로, 고유의 법칙을 근거로 추정하는 것이다.

한 사람이 인생의 여정에 새로운 힘을 불어넣을 수 있다면, 기존의 법칙을 깨고 새로운 인생 궤도에 진입할 수 있다. 그렇게 되면 지금까지의 규칙대로 관성으로 이끌어 온 미래는 자연히 불확실해진다. 그러므로 점이 잘 들어맞는다는 것은 당신이 아직 이전의 생활 궤도에 있다는 것을 의미하고, 점이 잘 맞지 않는다면 자신이 살아온 과거 패턴을 돌파하고 새로운 미래를 창조하고 있다는 것을 의미한다!

심리학적으로 보면 '업력'은 그 사람의 '습관' 패턴이다. '원력'은 한 사람의 '신념'이라고 이해할 수 있는데, 신념이 행위를 결정하고 그 행동이 결과를 만들어낸다. 한 사람의 운명은 그 자신의 행위에 따라 만들어지며, 그 행위의 근원은 또 신념에 있다. 그래서 한 사람의 잠재의식에 담긴 신념이 그의 일생을 결정짓게 되는 것이다.

우리도 충분히 운명을 바꿀 수 있다! 시각과 사고, 마음을 전환하면 인생의 변화를 끌어낼 수 있다. 진정한 나를 찾고 사랑하게 되면서 변화가 일어나는 것이다. 과거 생각하던 대로, 세상과 나를 바라보는 시각이나 마음 상태 그대로 살아간다면 미래도 달라질 일이 없다.

지난 22년간 심리 분야에서 일하면서 나를 포함해 많은 사람의 '삶의 변화'를 목격했다. 시각과 사고, 마음을 전환하면서 진정한 나로서 행복한 삶을 살아가기 시작했다. 한 사람의 생각과 시각이 바뀌면 행동과 성격이 변하게 되고 자연히 삶은 더욱 나아진다.

"진정한 나, 최고의 나를 찾아 인생을 전환시켜 보자!"

저자 황시투안

차례

1장

'시각'의 변화로
더 나은 자신을 발견하다

2장

'사고'의 변화로
비로소 나로 살아가다

3장

'마음'의 변화로
고통에서 벗어나다

'시각'의 변화로
더 나은 자신을
발견하다

1장

내가 정말로 나 자신을 사랑하기 시작했을 때,
고통이나 괴로움은
단지 나의 진실에 반해서 살지 말라는
경고임을 알 수 있었다.
오늘 나는 그것을 '삶의 진정성'이라고 부른다.

내가 정말로 나 자신을 사랑하기 시작했을 때,
아직 때가 무르익지 않았을 때
누군가에게 나의 바람을 강요하는 것이
얼마나 그 사람에게 상처가 되는지를 알았다.
오늘 나는 그것을 '존중'이라고 부른다.

내가 정말로 나 자신을 사랑하기 시작했을 때,
나는 다른 삶을 동경하는 것을 중단했다.
그리고 주위의 모든 것이 성장을 위한 격려라는 것을
알 수 있었다.
오늘 나는 그것을 '성숙함'이라고 부른다.

(……)

지금 나는 알고 있다.

그것이 온전히 나의 삶이라는 것을….

-찰리 채플린, 「내가 진정 나 자신을 사랑하기 시작했을 때」

코끼리보다 약한
인간의 가장 강한 무기는 '협력'

삶의 계층을 어떻게 뛰어넘을 수 있을까?

나는 모든 사람이 평등한 것을 존중하지만 사회적 측면에서 사람들은 서로 다른 계층으로 살아간다는 것을 인정하지 않을 수 없다. 여기서 계층이라고 하는 것은 사회적 의미이지 철학적 의미는 아니다.

똑같이 태어나도 누군가는 평생을 바쁘게 뛰어다니며 하루 종일 생업에 시달리고, 누군가는 황홀한 모래사장에서 한가롭게 일광욕을 즐긴다. 무더운 여름, 누군가는 땀을 뻘뻘 흘리며 버스를 비집고 다니고, 누군가는 기사를 대동하고 넓은 자가용에 편히 앉아서 우아하게 음악을 듣는다. 누군가는 누추한 집에서 살고, 누군가는 광활한 저택에서 아래를 내려다본다. 이것이 바로 사회적 계층이 다른 데서 나온 결과이다. 밑바닥층의 사람들은 먹고살기 위해 머리를 싸매고, 상류층은 자유롭고 쾌적하게 산다.

도대체 무엇이 우리 사회의 계급을 결정하는가? 돈, 지능, 인맥인가 아니면 운명인가? 사람들 대부분은 아마 마음속으로 돈이 생기면 상류층의 삶을 살 수 있다고 생각할 것이다. 정말 그럴까? 사실 돈을 가진다는 것은 인생이 더 높은 단계로 올라갈 수 있는지를 결정하는 관건은 아니다. 어떤 사람은 돈이 많은 건 아니지만 편하게 산다.

내가 생각하는 상류층 사람은 전통적인 의미의 부자나 권력자가 아니라 생명을 살리고 사회를 위해 가치를 창출하여 대중의 존경을 받는 사람이다. 사람의 사회적 계층을 어떻게 이해할 수 있을까? 나는 저서 『권층돌파』에서 사람을 '노·도·공·장·사·가·성'의 7단계로 분류했다. 여기서 이 개념들을 다시 한번 되새겨보자.

1단계 노奴

노는 무언가를 어쩔 수 없이 해야만 하는 무리에 속한다. 자발적이지 않은 상태에서 살기 위해 일하며 불평불만을 가득 품고, 늘 자신의 인생이 보이지 않는 힘에 사로잡혀 보이지 않는 감옥 안에서 사는 것 같다고 느끼며 답답해한다. 우리가 흔히 말하는 하우스푸어, 카푸어가 그런 경우다.

2단계 도徒

수습생으로 성장의 기초를 다지는 단계이다. 잠깐 능력은 부족할지 몰라도 자신이 무엇을 원하는지 알고 배우면서 성장하려 한다. 노와 도의 차이는 노는 어쩔 수 없이 일하는 것이고, 도는 자발적이고 능동적으로 배우고 일한다는 점이다.

3단계 공工

사회의 주요 집단이다. 그들은 규칙에 따라 일을 잘 처리할 능력이 있다. 그리고 가족을 부양할 수 있다. 자신의 능력에 의지하여 열심히 살 수 있다.

4단계 장匠

손재주가 있고, 일 처리가 능숙하며, 최선을 다하고, 과감하게 혁신하는 업계의 엘리트들이다. '장'은 자기만 일을 잘하는 데서 그치는 것이 아니라, 제자를 받아 기술을 가르치고 실전을 전승한다.

5단계 사師

이전 단계에서는 모두 일에 초점을 맞추고 있으나 '사'부터는 일뿐만 아니라 사람을 중점적으로 다룬다. 스승은 능력뿐 아니라 자신의 기술이나 학문을 다른 사람에게 전수하고, 사람에게 일을 가르칠 뿐 아니라 그들 내면의 훌륭한 덕목과 지혜를 일깨워 준다. '사'와 '도'는 함께 가는데 '사'가 있기에 '도'가 성장할 수 있다.

6단계 가家

자비롭게 사람들을 마음에 품고 노력하여 자신의 이상을 실현하고 자수성가할 뿐만 아니라 많은 사람이 따르는 아이돌이자 업계의 모범이 된다. 그들은 자신의 성공 모델을 더 많은 사람에게 알려 주어 사회에 막대한 물질적 그리고 정신적 부를 창출할 수 있다.

7단계 성聖

인생의 최고 단계이다. 중국은 고대에 생전에 인류에게 큰 공헌을 한 인물을 사후에 '성인聖人'으로 추앙했다. 예를 들면 공자孔子가 있다.

한 사람이 더 높은 단계에 오를 수 있느냐는 그가 얼마나 많은 재물이 있는지에 달려 있지 않고, 그의 권력이 얼마나 큰가에 달려 있지도 않다. 만약 그의 마음이 넓지 않다면, 권력이 아무리 높고 엄청난 세력을 가지고 재산이 많아도 보이지 않는 힘에 사로잡혀 바깥 것들의 조종을 받게 된다. 옛사람들은 덕德이 제자리에 서지 않으면 재앙이 있을 것이라고 말했다. 우연히 높은 자리를 차지했다고 해서 그 사람이 사회적으로 높은 위치에 있다고 할 수 없고, 마찬가지로 서민 가정에서 태어났다고 해서 사회의 밑바닥에 있는 것은 아니다.

그렇다면 어떻게 자신의 울타리를 넘어 인생의 더 높은 차원으로 나아갈 수 있을까?

유발하라리는 사피엔스의 신체가 다른 생물들에 비해 절대 우월하지 않다고 말한다. 인간의 달리기 속도는 사자보다 떨어지고, 힘은 코끼리보다 못하며, 물속에서 마음껏 헤엄칠 수도 없다. 추운 겨울을 견디는 모피도 없고 짐승에 대항할 발톱도 없다. 그러나 인간이 먹이사슬의 꼭대기에 올라설 수 있었던 것은 인간의 두뇌가 매우 발전하여 도구를 사용하고 언어를 사용해 다른 사람과 '협력'할 수 있었기 때문이다. 혼자서는 사자의 적수가 되지 못하지만 한 무리의 사람들이 힘을 합치면 사자를 우리 안에 가둘 수도 있다.

'협력'은 인간을 먹이사슬의 꼭대기에 올려놓았다. 무리가 생기면 그 안엔 반드시 계급이 있다. 높은 계급이 있는 것은 낮은 층을 조화롭게 하고 아래층의 사람들이 더 잘 협력하게 하기 위함이라고 말한다. 마치 늑대 무리에 우두머리가 있고, 사자 무리에 우두

머리가 있는 것처럼 말이다. 이들은 무리 간의 협업을 잘 조화시켜 보다 효율적으로 생존 자원을 얻기 위해 존재한다.

인간도 예외가 아니다. 국가는 말할 것도 없이 하나의 기업에도 반드시 '리더'라는 직급이 존재하기 마련이다. 조직에서 높은 층의 사람들이 기존 계층 간의 관계를 잘 조화시켜서 효율성을 발휘할 수 있도록 해야 하기 때문이다.

인생 7단계로 올라가는 것은 마음이 성장하는 과정이다

그럼 어떤 사람이 더 높은 등급에 올라설 수 있을까? 위의 글에서 알 수 있듯이 조직원을 조율하고 효과적으로 협력할 수 있게 '돕는' 사람들이다. 누가 이런 능력을 지녔을까? 혹은 어떻게 하면 이런 능력을 가질 수 있을까? 옛 조상들은 '행동은 마음에서 나온다'고 했다. 즉, 외부에 드러난 계급은 내재적 상태가 나타난 것뿐이라는 것이다. 앞에서 말했던 '노·도·공·장·사·가·성'의 7단계로 돌아가 보자. 이 일곱 가지 단계의 사람들 내면에는 어떤 규칙이 있는가?

1. 계층별로 심리적인 욕구가 다르다. 낮은 계층의 사람들은 대부분 본능적이고 안전 차원의 필요를 추구하지만, 고차원적인 사람들은 자아실

현을 추구한다.

2. 계층에 따라 마음의 양이 다르다. '마음의 양'이란 구조이다. 낮은 단계에 있는 사람은 그 중심에 오직 '자신'만 있다. 계층이 올라갈수록 그들은 눈앞의 구속에 얽매이지 않고 더 넓은 마음을 가지며, 더 다양한 인간과 일 그리고 물건을 수용할 수 있다.

자기 자신만 생각하고 자기 욕구만 채우려는 사람이 어떻게 조직원 간의 협업을 잘 조율할 수 있겠는가. 또 어떤 자격으로 더 높은 단계에 올라갈 수 있겠는가. 마음이 넓고 대중을 위해 가치를 창출할 수 있는 사람만이 사회의 더 높은 계급에 걸맞는다.

어떻게 해야 더 높은 단계까지 올라갈 수 있을까? 외부의 계층이 내면 성장의 현주소에 불과한 만큼 현재의 층을 돌파하는 가장 좋은 방법은 내면의 층을 먼저 끌어올리는 것이다. 한 사람이 더 높은 단계로 올라가는 과정은 사실 마음이 성장하는 과정이다. 심리학적으로 볼 때, 인생의 성장에는 3단계가 있다.

인생 성장 1단계 : 물질 추구

물질세계를 살아가면서 물질적 허상에 사로잡혀 몸이 없어질 때까지 부와 권력 그리고 욕망을 추구한다.

인생 성장 2단계 : 내면 탐구

물질 등 외부의 것들이 모두 사람을 위해 사용되어야 한다는 것을 깨닫고. 점차 일부 물질의 통제를 벗어나 인생의 본질로 돌아가기 시작한다. 그러면 밖을 버리고 내면을 살필 줄 알게 되고 시간을 들여 자신의 몸과 마음을 회복하고 싶어 한다.

인생 성장 3단계 : 자유

이 단계에서는 그간 만난 모든 사람과 일, 물건은 평생 좋고 나쁨이 없고, 옳고 그름의 구분도 없는 원만한 삶을 완성하기 위함임을 깨닫게 된다. 자신이 겪은 모든 고통이 사고의 판단에서 오는 것을 분명히 느낀다. 더 이상 집착하고 고통스럽고, 모든 것에 시달리지 않아도 되는 것이다. 그리고 진정한 행복과 즐거움을 느낄 수 있게 된다. 자유롭게 문과 속세 사이를 오갈 수 있다. 그리고 물질이 오면 오는 대로, 오지 않으면 오지 않는 대로 마음과 생명이 자유로워진다.

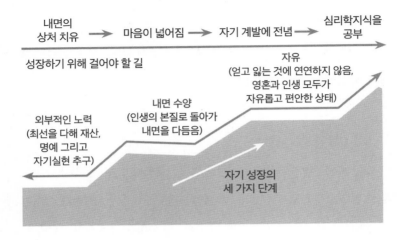

내면의 상처 치유 → 마음이 넓어짐 → 자기 계발에 전념 → 심리학지식을 공부

성장하기 위해 걸어야 할 길

외부적인 노력
(최선을 다해 재산,
명예 그리고
자기실현 추구)

내면 수양
(인생의 본질로 돌아가
내면을 다듬음)

자유
(얻고 잃는 것에 연연하지 않음,
영혼과 인생 모두가
자유롭고 편안한 상태)

자기 성장의
세 가지 단계

위로 향하는 길은 좁지 않다. 지금 낮은 층에 있기 때문에 붐빌 뿐이다. 그런데 내면이 결핍된 사람이 한 단계 더 올라가면 불행을 초래할 수 있다. 마음이 풍족해야 올라갈 수 있는 자원을 축적할 수 있다. '물질 추구', '내면 탐구' 그리고 '자유'로 이어지는 이 성장의 길을 우리는 다음과 같이 걸어갈 수 있다.

1. 마음의 상처를 치유한다

내면의 결핍은 대부분 성장 과정에서 겪는 상처에서 비롯된다. 의학기술이 발달하여 현재 몸의 상처는 대부분 치료가 될 수 있는데 심리적 상처 또한 마찬가지다. 심리적 상처는 진짜 상처가 아니라 자신의 느낌에 상처가 남았을 뿐이다. 마음의 상처를 치유하는 방법은 전문 심리치료사를 찾거나 치유와 관련된 심리 수업 듣기를 권유한다.

2. 자신의 마음을 넓히고 만물을 포용한다

문제를 생각할 때 더 많은 사람을 염두에 두고 생각을 넓게 확장하라. 보다 넓은 시각에서 일을 바라볼 수 있을 때, 자연히 서로가 좋고, 모두가 좋은 윈윈 효과를 거둘 수 있다.

3. 자신의 능력을 향상하기 위해 노력한다

사회적 가치를 창출할 능력이 있을 때, 자연히 더 높은 단계로 올라설 수 있다. 왜냐하면 자신의 욕구가 자기만족에서 자아실현으로 올라가기 때문이다.

4. 심리학 지식을 배운다

중국의 사상가 노자^{老子}가 이르기를, "사람을 아는 자는 지혜롭고, 자신을 아는 자는 똑똑하다."라고 말했다. 높은 계층이 있는 이유는 계층 간의 사람들을 조화시키기 위함이다. 사람을 조화롭게 하는 최고의 학문이 심리학이다. 자신을 제대로 이해한 사람만이 다른 사람을 이해할 수 있고 다른 사람을 이해한 사람만이 그들의 관계를 효과적으로 조화시킬 수 있다.

사람은 평생 주변 환경을 보고, 다른 사람들을 보며, 자기 자신을 마주하는 과정을 걷는다. 넓디넓은 세상의 수많은 사람을 볼 수 있을 때, 자신을 정확하게 인지할 수 있다. 이것은 끊임없이 성장하고 성숙하며 깨어나는 과정이다.

어떻게 성장할 것인가? 가장 중요한 것은 지금 어디서 시작하느냐가 아니라 '도(계층)'에서 시작하여 성장의 길로 나아가고, 내면의 결핍이 있다는 사실을 받아들이고, 배움을 통해 끊임없이 자신을 깨닫고 내면을 풍부하게 하는 것이다. 내면이 풍요로워져야 자연스레 다른 사람을 조화롭게 할 수 있으며, 다른 사람을 뒷받침할 힘이 충분할 때, 주변 사람들과 함께 더 많은 성과를 얻을 수 있고, 더 높은 층에 오를 수 있다.

정신없이 살아가며 자신을 지치게 하기보다는 내면을 풍요롭게 하는 여정을 걷는 것이 좋다. 그리하면 울타리를 넘어 계층을 돌파해 새로운 인생 단계로 나아갈 수 있다.

✦

"현재의 층을 돌파하고 싶은가.
내면의 층을 먼저 끌어올려라.
더 높은 단계로 올라가는 과정은
'마음'이 성장하는 과정이다!"

'지식'의 폭이 아닌
'관계'의 폭을 넓혀라

아는 게 많은데도 왜 잘살지 못할까?

영국의 저명한 철학자 베이컨은 "아는 것이 곧 힘이다!"라고 말했다. 점점 더 많은 사람이 '지식'에 돈을 지불하려는 것을 보면 참 반가운 일이다. 그러나 모든 일에는 양면이 있다. 나는 사람들이 지식을 중시하는 동시에 지식으로 인해 초조해하고, 지식이 부족해서 열악한 경쟁의 자리로 떨어지길 두려워하는 모습을 보았다. 그래서 사람들은 온갖 경로로 지식을 얻으려고 안간힘을 쓴다. 지식은 좋은 것이지만, 단지 지식을 얻기 위해 필사적으로 노력하는 것은 반드시 좋은 일만은 아니다. 장자莊子는 이렇게 말했다.

"인생은 끝이 있지만 아는 데는 끝이 없다. 끝이 있는 것으로 끝이 없는 것을 쫓으면 이미 끝난 것이다!"

우리의 생명은 유한하다. 유한한 생명으로 무한한 지식을 추구하는 것은 좋은 일만은 아니라는 것이다.

어느 학자의 이야기가 생각난다. 심리학 콘퍼런스에서 만난 한 심리학 교수는 우리 회사에 최면 관련 강의가 있다는 것을 알고 "정말 사람이 최면에 걸리나요?"라고 내게 넌지시 물었다. 나는 "물론이죠! 당신은 심리학과 교수인데 어떻게 이런 질문을 하나요?"라고 물었다. 그가 그 이유에 대해 말했을 때 나는 마음 한 구석에 깊은 슬픔이 솟구쳤다. 그는 최면에 관심이 많아 관련 책을 많이 읽었고, 책도 펴냈다. 하지만 슬프게도 그는 지금까지 다른 사람에게 최면을 걸거나 자신이 최면에 걸린 경험이 없다는 것이다. 그의 말을 들으니 인터넷에서 한때 유행했던 문장이 생각났다.

"왜 우리는 책을 많이 읽고, 많은 것을 배웠는데도 여전히 잘살지 못하는가?"

아는 것이 과연 힘일까, 하는 의문이 든다. 만약 그렇다면 많이 알게 되었는데도 왜 우리의 삶은 별반 바뀌지 않았을까?

운명을 바꾸는 것은 지식이 아니다

사실 지식이 뇌에만 머문다면 아무런 힘이 없다. 지식이 행동으로 나올 때라야 힘으로 바뀔 수 있다. 그 힘은 부를 창출하고 인생을 바꿀 뿐 아니라 사회를 발전시킬 수 있다.

안타깝게도 대다수 사람에게 지식은 지식일 뿐이다. 수능 때 우리가 과목별 지식을 달달 외웠지만, 지금 다시 한번 수능을 보게 해 준다면 좋은 대학에 합격할 자신이 있는가? 아마도 대부분이 공부한 지식을 까먹었을 것이다. 반면, 어렸을 때 익힌 수영과 자전거 타기는 잊어버리지 않는다. 그것은 지식으로 그친 게 아니라 몸에 익혔기 때문이다. 그래서 운명을 바꾸는 것은 사실 지식이 아니라 그것이 가져다준 능력의 향상에 있다. 지식에 행동이 더해져서 배운 것을 실천에 옮길 줄 알아야 능력이 된다. 지식은 쉽게 잊히지만 능력은 그렇지 않다. 능력은 책이나 동영상을 보고 얻는 것이 아니라 실천하고 훈련하는 데서 얻을 수 있다.

지식을 어떻게 능력으로 바꿀 수 있을까? 자전거 타기와 수영을 어떻게 배웠는지 기억을 더듬어 보라. 집에서 교과서나 동영상을 보고 배웠는가? 아닐 것이다. 숱한 연습과 훈련을 통해 배운 지식을 실천에 옮겨 꾸준히 노력하고 시도해야만 습득할 수 있다. 단지 아는 데서 그치는 것이 아니라 실천할 때 능력을 갖출 수 있는 것이다.

얼마 전에 심리학 업계의 동료를 만났다. 그는 무척 괴로워 보였다. 작년에 적자가 너무 심각했다는 것이다. 요즘 온라인 수업이 너무 많고 수강료도 낮아져서 사람들은 인터넷으로 공부하고 싶어 하지 오프라인 수업은 기피한다고 말했다. 나는 이런 현상은 일시적이며 결국 오프라인 수업으로 돌아갈 것이라고 말했다. 직접 강의실에서 훈련을 받아야 인생이 진정으로 변하기 때문이다. 요즘 사람들이 아무리 책을 많이 읽고, 많은 것을 알고 있어도 여전히 인생을 잘살지 못하는 중요한 이유가 바로 여기에 있다.

배움을 능력으로 바꾸는 법

배우기를 좋아하는 것은 좋은 일이다. 우리는 어떻게 배움이 정말 효과가 있다는 것을 알 수 있을까? 아주 간단하다. 자신을 성장시켜 주는 공부가 바로 효과적인 배움인 것이다.

성장이란 무엇인가? 성장이란, 일반적으로 사물이 여린 것에서 벗어나 성숙해지는 과정을 말한다. 한마디로 나날이 성숙해지는 과정이다. 성숙은 지적 성숙과 신체의 성숙, 두 가지를 포함한다. 프랑스의 사회심리학자 톨리데는 이렇게 말했다.

"한 사람의 지능이 상위층인지 아닌지를 테스트하는 방법은 그 사람이 두 가지 상반된 사상을 동시에 받아들일 수 있는가를 보고, 일을 대처하는 데 지장이 없는지를 보는 것이다."

성장은 지능이 끊임없이 향상되고, 마음이 넓어져서 자신과 다른 사람을 받아들일 수 있는 과정이다. 만약 누군가가 수업을 통해 새로운 관점에 대해 배우고 집에 돌아와서 배우자의 관점이 자신과 일치하지 않는 것을 발견했다. 그래서 상대방에게 자신의 관점에 맞추라고 요구한다. 이것은 성장이 아니라 조종이다.

자녀교육도 마찬가지다. 한 강의를 듣고 그의 관점을 하나 배운 뒤에 이를 아이에게 강요하는 것은 어느새 아이의 발전 가능성을 박탈하고 성장이라는 이름으로 아이에게 새로운 족쇄를 채우는 것이다. 회사의 발전도 마찬가지다. 상사가 만약 자신이 어떤 관리 방법을 배웠다고 해서 그것이 옳다고 생각하고 직원을 다그치면 안 된다.

한 가지 방법을 배우는 것은 한 가지 방법을 추가하는 것이지, 그것만 고집하라는 것이 아니다. 그래서 성장은 자신이 배운 새로운 지식이나 새로운 관점을 다른 사람에게 강요하는 것이 아니라 마음을 열고 더 많은 것을 받아들이고 포용하는 것이다. 코펠드의 말처럼 갈수록 포용하는 마음이 생기고, 사물의 본래 모습을 더 잘 받아들이게 되는 것은 수련의 결과이다. 이 새롭고 넓어진 포용 속에서 우리는 비로소 마음의 평온과 조화를 찾을 수 있을 것이다.

어떻게 하면 더 '포용'할 수 있을까? 만약 한 사람의 행동과 납득 동기를 알 수 있다면, 그 사람의 동기를 만족시킬 수 있다. 그가 만족을 얻었을 때, 받아들이기 힘들었던 행동은 사라진다. 그리고 자연히 더 크게 포용하는 마음을 가질 수 있게 된다. 이런 공부야말로 진정으로 성장하는 것이다.

예일대학의 한 총장은 어느 강연에서 진정한 교육은 지식을 주입하는 것이 아니라 '지식을 향한 갈망을 일깨워 주는 것'이라고 말했다. 그래서 배움의 효과가 있는지 따져보기 위해선 뇌에 지식이 얼마나 많이 담겼는지를 보는 것이 아니라, 자신의 세계가 더 커졌는지, 마음이 더 넓어졌는지, 타인과 더 잘 어울리게 됐는지를 봐야 한다. 특히 마지막 부분이 중요하다. 관계는 인생의 일부분이 아니라 인생 그 자체이기 때문에 우리는 다양한 관계 속에서 인생의 본질을 경험하게 된다.

나는 지식을 얻기 위해 불안해하는 이 시대에 단지 자신의 지식을 배우고자 하는 욕구에 만족하지 않고, 지식을 진정한 능력으로 변화시킬 수 있기를 진심으로 바란다. 자전거 타는 법을 배우고 수영을 배운 것처럼 배움을 평생의 능력으로 만들면 우리의 삶은 점점 더 좋아질 것이다.

✦✦

"성장은 자신이 배운 새로운 지식이나
새로운 관점을 다른 사람에게 강요하는 것이 아니라,
마음을 열고 더 많은 것을 받아들이고
'포용'하는 것이다."

남의 말 한마디에
극락을 오가는 이들을 위한 조언

다른 사람의 말 한마디에 좌지우지되는 사람들

편집자를 뽑으려고 면접을 본 적이 있었는데 면접자 중 한 여성이 글도 잘 쓰고 매우 재능이 있었다. 그런데 그녀의 글에 두 가지 개념이 혼동되어 있어서 수정을 요청했을 때 갑자기 그녀가 내 지적을 받아들이지 못하고 감정이 격해지더니 자신이 옳다는 것을 필사적으로 증명하려 했다. 그녀는 글과 자신을 동일시하며 내가 그녀의 관점에 동의하지 않는 것을 자신을 존중하지 않는 것이라고 여겼다.

그런 그녀를 보며 황당한 일화가 떠올랐다. 정신병 환자의 운송을 담당하던 운전기사가 실수로 환자 세 명을 중간에 잃어버렸다. 그는 일자리를 잃지 않기 위해 버스정류장으로 차를 몰고 가 돈을 내지 않고 차를 탈 수 있다고 속인 뒤 멀쩡한 승객 세 명을 환자로 가장해 병원에 입원시켰다. 나중에 이들 세 명은 정신병원을 탈출하는 데 가까스로 성공한다. 그레이 베이커라는 기자는 그들이 어떻게 탈출했는지 궁금해 이 '환자'들을 인터뷰했다. "정신병원에 입원했을 때 자신이 정신병 환자가 아니라는 것을 어떻게 증명했느냐?"라고 물었다.

다음은 세 명의 다른 답변이다.

갑: 저는 의사에게 '지구는 둥글다'는 말은 진리라고 말했습니다. 진리를 말하는 사람을 설마 정신병 환자로 여기지는 않겠지 하는 생각이 들었습니다.

기자: 결국 당신은 성공했습니까?

갑: 아니요. 제가 그 말을 열네 번째 했을 때 간호사가 제 엉덩이에 주사 한 대를 놓았습니다.

을: 사회학자라고 얘기했어요. 저는 미국 전 대통령은 클린턴, 영국 전 총리는 블레어라고 알고 있다고 말했어요. 그리고 제가 남태평양의 여러 섬나라 지도자들의 이름을 말하자 그들은 나에게 주사를 놓고 더 이상 말하지 못하

게 했어요.

기자: 그럼 어떻게 정신병원을 나왔습니까?

을: 병역이 우리를 구해 줬습니다. 그는 들어오고 나서 아무 말도 하지 않았어요. 밥을 먹어야 할 때 밥을 먹었고, 잘 때는 잠을 잤어요. 의료진이 면도를 해주면 '고맙다'고 했어요.

28일째 되던 날 의료진은 그를 퇴원시켰어요.

그레이 베이커는 나중에 정상적인 사람이 자신이 정상이라는 것을 증명하는 것은 매우 어려운 일이라는 것에 탄복했다. 어쩌면 자신을 증명하려 하지 않는 사람만이 정상인일지도 모른다. 나는 그레이 베이커의 말에 매우 동의한다.

그런데 사람들은 왜 늘 자기 자신을 증명하는 데 시간을 쏟을까? 남의 사소한 오해에 억울해하고 무기력해지는 사람들이 있는가 하면, 타인의 거친 말투에 자신이 모욕당했다고 느끼며 몸에 가시가 돋친 고슴도치처럼 공격하는 사람들이 있다. 비판을 견디지 못하고 다른 의견에 직면하지 못하며 누군가 자신의 잘못을 바로잡으려고 하면 멘탈이 무너지는 사람들도 있다.

그래서 철저히 자신을 증명하려고 한다. 마치 이렇게 하지 않으면 남에게 업신여김을 당하고 가치가 없다고 여겨진다는 듯이 말이다.

　밖으로 공격하든, 속으로 억울해하고 속상해하든, 모두 다른 사람의 어떤 행동이 자신에게 상처를 입혔기 때문에 다른 사람의 행동을 "나를 무시한다.", "이것은 나를 겨냥한 것이다.", "나를 이해하지 못한다.", "날 좋아하지 않는다."라고 해석한다. 이런 사람들은 마치 자신의 인생 리모컨을 다른 사람에게 맡긴 듯 그들의 행동에 따라 자기 기분을 결정하고 반응한다.

　나도 그런 사람이었다. 나는 가난한 농촌 가정에서 태어났는데, 대학을 다니는 몇 년 동안 기본적으로 장학금과 아르바이트해서 번 돈으로 생활했다. 가난하다 보니 아직도 잊지 못하는 장면들이 많다. 내가 가진 돈으로는 겨우 콩밥을 지어 먹을 수 있을 정도였는데 주변 친구들은 대부분 가정 형편이 넉넉한 집안이었다. 그들은 내 도시락에 있는 그 불쌍한 콩을 보고 모두 자발적으로 계란말이나 고기 등 맛있는 반찬들을 건넸다. 당연히 감사한 일이었지만 당시의 나는 모욕감을 느낄 뿐이었다. 이런 어색함을 피하기 위해 나는 미리 수업을 빼먹고 혼자 먼저 가서 밥을 먹거나 아니면 친구들이 다 먹고 나서 나중에 밥을 먹기도 했다.

　내 경험에 근거해서 나는 그런 생활의 고통을 안다. 그런데 그 고통은 물질적 궁핍 때문이 아니라 실상 내면의 빈곤에서 비롯된 것이다. 내적 결핍에 따른 연약함 때문에 다른 사람의 시선 속에 사사건건 살게 되고, 남의 말 한마디 한마디가 자신의 감정에 영향을 미친다.

자신의 가치는 다른 사람의 평가에 따라 결정되지 않는다

우리 마음은 왜 이렇게 약할까? 왜 우리는 자신에 대한 외부의 시각과 평가에 신경을 쓰는 걸까? 남을 지나치게 의식하는 것은 자기 가치감이 낮다는 표현이다. '자기 가치감'은 말 그대로 주관적이고 자기 내면의 감각과 자기 평가에 기인하는 심리학 용어로, 자기 가치에 대한 주관적 판단이다. 예를 들면, 방금 출시된 아이폰을 거금을 주고 구매했는데 친구들이 이 신제품을 본 적이 없어서 가짜라고 말한다면 화가 나겠는가? 아니다. 마음속에 새 휴대폰의 가치를 확신하고 있기 때문에 화가 나지 않는다.

그런데 만약 골동품 한 점에 반해서 온 재산을 다 쏟아부어 거액의 돈을 주고 샀지만 그것이 진짜인지 아닌지를 감히 확신할 수 없다. 그럴 때 다른 사람, 특히 이 골동품에 대해 권위 있는 사람들의 평가를 매우 의식하게 되고, 그들의 부정적인 말 한마디가 신경을 긁는다. 왜 그럴까? 그 가치에 대해 스스로 근거를 갖고 있지 못하므로 이 골동품의 가치는 다른 사람의 평가를 통해서만 가늠할 수 있기 때문이다.

사람도 이와 마찬가지다. 자기 자신의 가치에 대해 확실하게 인지하고 있다면, 다른 사람의 평가에 신경 쓰지 않을 것이다. 다른 사람의 오해나 잘못을 바로잡는 것, 또는 비판도 가치 있는 부분은 겸허히 받아들일 것이다. 다른 사람의 고의적이거나 의도하지 않은 무례함, 공격도 웃어넘길 수 있다. 자신의 가치는 다른 사람의 평가에 달려 있지 않기 때문이다.

반면 자신의 감정이 외부인이나 외부 환경에 의해 통제되고, 이를 증명하기 위해 악착같이 달려드는 사람들은 자신의 내적 가치를 확신하지 못하기 때문에 끊임없이 증명하려고 한다. 생각해 보라. 홍콩의 장강그룹 회장 리자청이 자신이 돈이 많다는 것을 증명하려 하는가? 빌 게이츠가 자신이 자선가라는 것을 증명하려 하는가? 붓다가 자신이 지혜롭다는 것을 증명하려 했는가?

스스로 확신하고 있다면 이를 증명하기 위해 시간과 에너지를 전혀 들이지 않는다.

자신에 대해 확신이 없을 때는 열심히 증명하려고 노력할 것이다. 다만 이런 증명은 대부분 역효과를 낼 수 있고, 근본적으로 시간과 에너지를 낭비할 뿐이다.

부모는 자녀의 자기 가치감 형성에 직접적인 영향을 미친다

앞선 이야기에서 정신병 환자가 된 정상인 세 사람의 이야기는 자신을 증명하는 가장 좋은 방법은 '증명하지 않는 것'임을 알려준다. 자신을 증명하는 데 시간과 노력을 쏟기보다는 왜 우리는 자신의 가치를 높이는 데 시간을 쓰지 않는지, 우리 자신이 가치 있다고 확신하면 남의 평가에 연연할 필요가 있겠는가.

그러면 어떻게 하면 자기 가치감을 높일 수 있을까? 자기 가치감의 수립에는 보통 어린 시절 부모의 교육방식과 주변 성장환경, 학교의 교육이념과 사회문화적 요인이 복합적으로 작용한다. 갓난아기가 태어나 새로운 세상에 나왔으니, 그 아이의 가치에 대한 평가는 처음에는 단지 아기 주변에 있는 중요한 사람에게 기인할 수밖에 없다. 부모는 아이의 마음에서 가장 중요한 존재이기 때문에 부모의 교육방식은 아이의 자기 가치감 형성에 직접적인 영향을 미친다.

일반적으로 다음의 세 가지 측면이 아이의 자아 가치감 형성에 큰 영향을 미친다.

아이의
자기 가치감 형성
- 부모의 무조건적인 사랑과 용납
- 감정적으로 충분히 관심받기
- 아이가 한 행동으로 아이의 가치를 평가하기

1. 부모의 무조건적인 사랑과 용납

아이는 자라면서 부모가 자신을 사랑한다는 것을 느끼면서 자신의 내면에 '나는 사랑받을 가치가 있다'라는 믿음이 형성된다. 이런 신념은 자기 가치감의 초석이다.

2. 감정적으로 충분히 관심받기

아이가 아직 언어를 배우기 전에는 감정으로 표현한다. 그들의 감정이 충분히 주목받지 못하면 '나는 다른 사람의 관심을 받지 못하고 가치 없는 사람이다'라고 생각하게 된다.

3. 부모가 아이가 한 행동을 통해 아이의 가치를 측정한다

심리학을 공부하지 않은 부모의 다수가 이런 잘못을 저지른다. 바로 아이가 착한 행동을 하면 칭찬을 하거나 물질적 보상을 주고, 아이가 좌절하거나 실패할 땐 아이를 전면적으로 부정한다. 그러면 아이는 잠재의식에서 '나의 가치는 내가 하는 일에 달려 있고, 내가 무언가 가치 있는 일을 해내지 못하면 가치가 없다'라고 생각하게 된다.

자아 가치감은 기본적으로 성장 과정에서 타인으로부터 받는 주관적 느낌이다. 우리가 이것을 깨달으면 자아 가치를 높일 수 있는 길은 있다. 그것은 지극히 주관적이므로 우리가 이미 성년이 되었는데, 자신이 얼마나 큰 가치를 가졌는지 부모님이 결정해야 겠는가?

한 사람이 자기 가치감이 부족하다는 것을 '인정'할 때부터 그는 올라가는 길을 걷게 된다. 물론 의식적으로 인식하는 것만으론 부족하다. 깊은 잠재의식 속에서 자신에 대한 평가가 바뀌어야만 우리는 진정으로 낮은 자기 가치감에서 벗어날 수 있다.

심리학 연구 결과에 따르면, 잠재의식에 들어가려면 반드시 '의식적인 방어'를 통과해야 한다. 잠재의식에 들어가는 방법은 매우 많은데 최면을 받는 것이 가장 쉬운 방법의 하나이다. 만약 여건이 된다면 전문가 상담을 받는 것도 좋다. 또는 심리학 강의를 들으면서 치료사나 수업 멘토에게 잠재의식 측면에서의 치료법도 좋다. 만약 전문가를 찾아 치료할 수 있는 여건이 안 된다면 스스로 잠재의식으로 들어가서 약간의 노력을 할 수도 있다. 방법은 매우 간단하다.

한 사람이 감정 상태에 있을 때, 그의 의식과 이성이 느슨해지는데 이때는 잠재의식에 명령을 내릴 수 있는 가장 좋은 기회이다. 이때 할 수 있는 가장 좋은 방법은 자신을 위해 즐거울 때, 감동적일 때, 슬플 때, 억울할 때, 무기력할 때 자신에게 긍정과 관심, 포옹을 해 준다. 즉, 자신이 부모, 양육자가 되어 주는 것이다. '내면 아이'에게 당시 부족했던 사랑을 스스로 부모가 되어 사랑을 보충해 준다. 이것은 매우 효과적인 방법이다. 안타깝게도 많은 사람이 자신의 인생을 위해 노력하지 않고 평생 운명이 불공평하다고 탓만 하며 산다.

✦

"대부분의 인생 문제는 낮은 자기 가치감에서 비롯된다.
유리처럼 부서지기 쉬운 마음과 이별하고,
자기 인생의 주도권을 되찾아
용감하게 살아가면서
담담하고 태연하게 일생을 살아갈 수 있기를 바란다."

더 좋은 것이 있다면
퇴보도 답이 된다

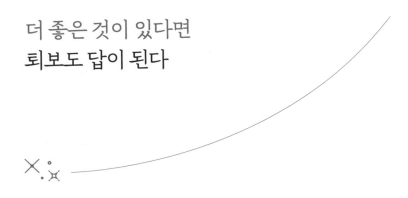

소크라테스의 난제

언젠가 한 친구와 밥을 먹는데 술에 취한 그가 여전히 옛날에 다니던 직장과 그때의 팀이 그립다고 투덜댔다. 나는 그에게 원래 있던 회사가 지금보다 나은데 왜 돌아가지 않느냐고 물었다. 그는 한숨을 쉬며 "지나간 일에 연연하지 말아야지!"라고 말했다.

친구의 말을 들으니 고대 그리스 철학의 거장 소크라테스가 제자들에게 보리밭에서 가장 큰 이삭 고르는 법을 가르쳤던 철학적 난제가 떠올랐다.

소크라테스는 제자들에게 이삭을 고르게 한 후, 이삭을 고를 땐 앞으로만 걸어가야지 뒤로 다시 돌아갈 수 없다는 규칙을 세웠다. 게다가 단 한 번만 이삭을 뽑을 수 있다.

첫 번째 부류의 제자는 단지 몇 걸음을 걷고 나서 그들이 생각하는 가장 크다고 생각하는 것을 뽑았다. 그런데 앞으로 걸어갈수록 자신이 딴 것보다 더 큰 이삭들이 많은 것을 보고는 아쉬워했다.

두 번째 부류는 앞으로 걸어갈수록 더 좋은 것이 있을 거라 생각하고 계속 걷기만 하다가 결승점에 다다라서야 자신이 모든 기회를 모두 놓쳤다는 것을 깨달았다.

세 번째 부류는 비교와 계산에 능숙해 앞쪽의 3분의 2코스를 걸어오며 가장 큰 밀 이삭이 얼마나 큰지 판단했다. 그리고 남은 3분의 1지점을 걸어가면서 앞에서 봤던 기준과 비슷한 이삭을 골랐다. 이렇게 한다고 무조건 가장 큰 것을 얻을 수 있다고 할 수는 없겠지만 적어도 앞의 두 부류 제자들처럼 후회하지는 않을 것이다.

이것은 선택에 관한 철학적 난제로 이 문제가 어려운 것은 소크라테스가 '되돌아갈 수 없다'는 경직된 조건을 설정했기 때문이다. 그렇다면 삶의 어려움에 대해 누가 우리에게 '돌이킬 수 없다'

는 조건을 내걸었는가? 어릴 때부터 우리는 '지나간 일에 연연하지 마라'는 말을 자주 들으며 자랐다. 사람들은 대부분 이직 후에 지금의 회사가 이전 회사보다 못해도 절대 돌아가지 않는다. 관계도 마찬가지로 사람들은 작은 충돌로 감정이 격해져서 사랑하는 사람을 떠나보내고 나서, 나중에 만난 사람이 예전 사람만 못해도 돌아가지 않는 이유도 간단하다. 지나간 일에 연연하지 말아야 하기 때문이다.

깨우친 사람의 특징은 평가하지 않는다는 것이다

'지나간 일에 연연하지 마라'는 말이 정말 좋은 말인가? 이 문제에 대답하기 전에, 나는 먼저 여러분에게 실제 사례 하나를 소개하겠다. '새로운 종鍾'이라는 심리학 콘퍼런스에서 한 수강생이 강사인 단장에 대한 자신의 생각 변화를 들려줬다.

"처음엔 사실 단장님이 싫었어요. 멘토를 양성할 때 단장님은 저희에게 꼭 4MAT 구조로 강의하라고 하고, 그 구조로 우리를 시험하는 게 싫었어요. 저는 누구에게나 자신만의 스타일이 있어야 한다고 생각하는데 이런 구조를 모두에게 적용한다면 수강생의 개성을 망가뜨리는 게 아니겠어요? 그래서 단장님의 뜻을 반대하며 강의를 철회할 뻔했어요.

그런데 나중에 졸업 시험을 칠 때, 단장님이 모든 학생에게 매우 마음을 쓴다는 것을 알게 되었습니다. 어차피 종강하고 나면 학생들을 굳이 볼 일도 없는데 뭘 이렇게까지 학생들을 위해 애쓰시는지 그런 단장님이 이해가 되지 않았어요. 그러면서 단장님이 지금까지 제가 알고 있던 것 이상으로 학생들에게 성장하고 발전할 기회를 주는 모습을 봤습니다. 나중에 제가 멘토가 되고, 무대에 올라가 강의를 하게 되면서 단장님이 가르쳐주신 그런 방법들의 중요성을 알게 되었고, 왜 4MAT 구조를 써야 하는지도 알게 되었습니다. 4MAT 방식은 수강생들의 다양한 학습 습관을 함께 고려할 수 있는 좋은 방법이었어요. 만약 우리가 잘하는 스타일로만 강의하면 수강생의 4분의 3은 잃을 수도 있는 것이죠. 지금 생각해 보니 심리학의 이런 방법들이 정말 유용한 것이었는데 제 고집 때문에 좋은 성장 기회를 놓칠 뻔했습니다."

위의 사례는 내 제자였던 한 여성 법학 박사가 심리학을 처음 공부하며 걸어온 여정이다. 그녀는 매우 똑똑한 사람으로 단장과 심리학에 대해 많은 평가를 했었다. 나는 그녀가 그 고집을 내려놓기 위해 정말 공을 들였다는 것과 지금의 성장과 변화를 보면서 보람을 느꼈다.

우리는 다른 사람들에 대해 여러 가지 평가를 하는데, 이런 평가는 제한된 인식에 기반하기 때문에 편차가 있을 수밖에 없다. 한 번 평가를 하면 우리는 진상을 보기 어려워 사람과 사람 간의 소통이 끊어지고 심지어 인생이 고착화될 수 있다. 그래서 깨우친 사람의 특징 중 하나는 평가를 하지 않는다는 것이다.

나는 아직 깨우친 사람이 아니므로 판단을 하게 된다. 10여 년 전 몇몇 멘토에게 멘토는 교육과정에서 어떠한 평가 절차도 있어서 안 되고, 공평한 자세를 가져야 한다고 강조했다. 그래야 중립적이고 객관적일 수 있다. 하지만 이것은 매우 어려운 일이다.

우리는 말을 하는 순간 상대방에게 가치관이 전달된다는 것을 알아야 한다. 가치관이 있다는 것은 나름의 기준이 있다는 것이고, 기준이 있으면 평가가 있기 마련이다. 예를 들면 상대방에게 평가받지 않는다는 확신을 주고 싶으면 '이거 좋다', '예쁘다'는 말을 하면 안 된다. 그것 또한 평가이기 때문이다. '평가할 수 없네요'라는 것 자체도 평가이다. 이 때문에 멘토 시험에서 합격하는 수강생이 드물었다. 가장 중요한 점은 '평가하지 않는 것'이다. 멘토가 되면 최대한 중립을 지켜야 하지만 당분간은 평가하지 않을 도리가 없다.

우리는 어려서부터 누구에게나 중립적이고 객관적인 태도를 지

녀야 하며 선입견을 가져서는 안 된다는 가르침을 받았다. 그러나 우리는 보통 사람이지 깨우친 사람이 아니어서 '평가하지 않는 자'의 경지에 오르기는 어렵다. 그렇다면 어떻게 해야 할까?

인생은 유동적이므로 자신의 평가를 고집하지 않는다

먼저 무엇이 평가인지 살펴보자. 평가는 한 사람이 자신의 가치관과 기준을 적용해 사람이나 일을 표준적으로 바라보며 세상을 인식하는 방법 중 하나이다.

가치관과 소신만 있으면 평가도 있기 마련이다. 그것은 사실 일종의 신념이다. 일반인에게 평가하는 것 자체는 문제가 없다고 생각한다. 평가는 두뇌의 주요 기능 중 하나이기 때문이다. 평가가 있어야만 우리는 무엇이 옳고 무엇이 틀리고 무엇이 나쁜지 알 수 있다. 평가가 있어야 우리 인생에 방향이 생긴다.

평가는 한 사람이 가진 마음의 생각을 투영하는 것이다. 그것은 어느 순간의 인식과 당시의 가치관에 기초한다. 평가하는 것 자체는 문제가 없지만, 평가를 그대로 정형화시키는 것은 위험하다. 이렇게 굳어진 평판을 집착이라고도 하고 고착이라고도 하는데, 이를 편하게 '고착화된 집착'이라고 부르는 것이 이해하기에 더 쉽다. 평가의 밑바탕에는 신념이, 고착화된 것 밑에는 제한적 신념이 자리 잡고 있다. 예를 들면, 누군가와 비즈니스 파트너 관계를 맺고 있다고 하자. 상대방이 어떤 이유로 제때 돈을 지불하지 않으면 우리 머릿속에는 그 사람이 신용을 지키지 않아 믿을 수 없다는 평가를 하기 시작한다. 상대방이 보여 주는 모습에 따라 계속 협력할 가치가 있는지 판단해야 하기 때문이다.

하지만 계속해서 상대방을 '신용을 지키지 않는 사람'으로 인식한다면 문제가 발생한다. 왜냐하면 일은 끊임없이 변하기 때문에 시간이 지나면 상대방도 변하고 나 자신도 변한다. 동시에 우리의 인식 범위도 끊임없이 확대될 것이다. 우리의 판단은 스스로의 신념이고 당시 상황에 근거한 판단일 뿐이지 진실이 아닐 때가 많다. 우리의 인지 범위가 확대됨에 따라 아마도 서서히 더 많은 진실을 보게 될 것이다.

만약 이전의 한정된 인식에 집착해 평가를 한다면, 그것은 자신의 삶이 영원히 그때의 시간에 머무는 것과 같다. "어떤 사람은 25세에 죽었지만 75세에야 매장된다."라는 프랭클린의 말처럼 삶이 그때 이미 죽었거나, 아니면 일부만 이미 죽었거나 둘 사이엔 어떤 차이가 있는가?

누군가에 대한 관점이 한 번 굳어지면 관계에서 더 많은 가능성을 잃고 진실을 왜곡하고 관계를 망치게 된다. 낡은 관념에 따라 계속 살아가는 사람이라면 어떻게 상대를 진정으로 알 수 있겠는가? 인생은 유동적이기 때문에 인생에 영향을 주는 요소는 실로 너무 많다. 낡은 관점으로 새로운 사물을 보는 것은 웃긴 일이 아닐 수 없다.

동시에 고착은 자신의 인생 유동성을 잃게 하고 경직되고 무력하게 만들 수 있다. 예를 들어 '밖으로 나가면 위험하다'는 신념 때문에 세계에 대한 호기심을 잃고 수십 년 동안 작은 도시에 갇혀 지내는 사람들이 있는가 하면, '남자는 좋은 점이 하나도 없다'는 믿음 때문에 남성에 대한 적개심을 품고 마음을 열어 사람 사귀기를 어려워해 결국 좋은 인연을 잃는 여성도 있다.

일단 평가가 굳어지면, 세상이 자신이 굳게 믿는 모습 그대로일 거로 생각하게 되고, 그것에 대해 완전히 궁금증과 희망을 잃어버리고 만다.

지나간 일에 연연하지 않는 것은 둔한 것이다

고착화된 평가는 우리 인생을 고착화하고 가능성을 제한한다. 한 신념을 고착하는 것의 대가가 이렇게 큰 만큼 이런 일이 생기지 않게 해야 한다. 우선 '고착'에 맞서려 하지 마라. 고착에 맞서는 것 자체가 고착이다. 그것은 조바심 때문에 애태우는 것과 같아서 걱정만 더 커질 뿐이다. '고착' 앞에서 취할 수 있는 가장 좋은 방법은 자신의 감각을 끌어올리는 것이다. 자신의 고착을 인식할 때, 고착을 내려놓게 된다. 그것을 인식하면 우리 앞에 더 많은 선택지가 놓이게 되고, 다양한 선택지를 가지면 자유로워진다.

감각을 끌어올리는 방법에는 여러 가지가 있다. 어떤 생각에 집착하게 될 때 다음과 같이 자신에게 물어보자.

1. 언제 그런 생각이 들었는가?

이렇게 긴 시간이 지났는데, 그는 변했는가, 나는 변했는가? 이 문제들을 가지고 시간의 프레임을 넓히면, 일이 반드시 자신이 원래 생각한 바와 같지 않다는 것을 알게 된다.

2. 상대방은 어떻게 생각할까?

나는 이렇게 생각하는데 상대방은 어떻게 생각할까? 다른 사람들은 또 어떻게 생각할까? 지혜는 다양한 시각에서 나온다. 다른 각도에서 문제를 바라볼 때, 자신의 세계가 점점 커지고 있음을 알게 될 것이다.

3. 나는 상대방의 행동만 봤을 뿐인데 그가 어떤 사람이라고 미루어 짐작할 수 있을까?

한 사람의 '행동'과 '신분'을 구분해 행동만 평가하고 그 사람의 신분에 대한 판단은 하지 않을 때 주변 사람들이 살아나기 시작하는 것을 발견할 수 있다. 그들은 더 이상 우리가 생각하는 모습이 아니며, 아마도 우리에게 예상치 못한 놀라움을 줄 수도 있다.

누군가를 평가할 때 그것이 단지 현재 자신의 제한된 인식에 근거한 판단일 뿐 사실이 아니라는 것을 깨달아야 한다. 집착을 내려놓고 평가가 '흐르게' 해야 상대방의 진솔한 목소리를 듣고 상대방의 관점에 반응할 수 있게 된다. 그리고 쌍방은 그때 양심적으로 소통하며 좋은 관계를 맺을 수 있다.

'지나간 일에 연연하지 마라'는 말은 일종의 고착화다. 지나간 일들이 좋지 않은 것이면 당연히 뒤돌아보지 않아도 되지만, 뒤에 있는 것들이 새로 마주하는 것보다 더 낫다면 왜 뒤돌아보지 않는가? 더 좋은 것을 뒤에 두고도 뒤돌아보지 않는 것은 기껏해야 둔해서일 뿐이다.

고착된 생각을 내려놓는 가장 좋은 방법은 그것을 깨닫고, 경험하고, 받아들이는 것이다. 추운 겨울이 오는 것을 막을 수 없는 것처럼 가장 좋은 방법은 받아들이고, 경험하고, 즐기는 것이다. 필경 봄에는 온갖 꽃이 피고, 여름에는 녹음을 즐기고, 가을에는 시원한 바람이 불고 달이 뜨는 것이다. 겨울이 지나고 나면 봄도 곧 온다.

만사가 다 변하고 있다. 우리도 당연히 포함된다. 소크라테스의 난제는 '뒤돌아보면 안 된다'는 한계가 있었기 때문에 그렇게 어려웠던 것이다. 인생에는 연연하면 안 되는 일도 있지만, 자기 스스로 돌아봐서는 안 된다고 생각하는 일도 많다. 그런 것들이 바로 일종의 '고착'이다. 만약 계속해서 많은 고착을 가지고 세상을 바라본다면 자신의 인생에 난제를 심어 놓는 것이며, 그 결과로 헤어나올 수 없는 나락으로 떨어질 수도 있다.

'안 그래도 힘든 인생인데, 왜 스스로를 괴롭히는가?'

"집착을 내려놓고 평가가 '흐르게' 해야
상대방의 진솔한 목소리를 듣고
상대방의 관점에 반응할 수 있게 된다."

능동적으로
외로움을 선택하라

모든 욕구 뒤에는 채워져야 하는 주머니가 있다

대학 캠퍼스에서 강연을 하다 보면 대학생들에게서 자주 이런 질문을 받는다.

"단장님, 저는 사람들과 어울리는 것을 싫어하는데 이것이 정상입니까?"

이 질문에 앞서 나는 그들과 '혼자' 있는 것에 관해 이야기를 나눴다. '혼자' 있는 것에는 사실 두 가지가 포함되어 있다. 첫째는 감정적으로 외로움을 느끼거나, 다른 하나는 혼자 있는 것을 즐기는 것이다. 그래서 '나는 사람들과 어울리는 게 싫다'는 말에는 외로워하거나 또는 홀로 있길 즐기는 것, 두 가지 가능성이 있다는 것이다.

  종사르 켄체 린포체Dzongsar Khyentse Rinpoche는 저서 『정견』에서 흥미로운 가설을 내놓았다. 우리가 남들과 어울리고 싶지 않은 것은 남들이 우리에게 '규제'를 가하기 때문이고, 남과 어울리다 보면 자유를 일부 잃게 되기 때문이라는 것이다. 그러면서 그는 "지구 전체에 자기 혼자만 외롭게 존재한다면 정말 즐길 수 있겠는가?"라고 묻는다.

  당신은 지금 자유를 만끽하고 있는가, 아니면 외로움을 느끼는가? 정말 득도했다고 생각하는 사람은 혼자 있을 때 절대적인 자유를 누릴 것이다. 당나라의 한산이라는 승려는 톈타이 취병산에서 50~60년을 지냈는데 10년이 넘도록 아무도 그의 행방을 찾을 수 없었다고 한다. 하지만 대부분의 사람은 어느 정도 자유를 희생해도 된다고 생각한다. 나는 혼자보다는 누군가와 함께 꽃이 만개한 봄과 단풍이 끝없이 우수수 떨어지는 가을을 보내고 싶은 사람이다.

  '함께 있다'는 것은 자유를 일부 포기하는 것이다. 더없이 사랑하는 두 사람일지라도 말이다. 모든 욕구 뒤에는 채워져야 하는 주머니가 기다리고 있기 때문이다. 즉, 한 가지 욕구를 충족시킬 때마다 어떤 '자유'를 포기해야 한다. 예를 들면 행복한 부모와 자녀 간의 관계를 원한다면 드라마를 사랑하는 엄마지만 세 살배기 딸과 함께 〈페파 피그〉를 봐야 하고, 화목한 부부관계를 원하면 바람을 피우면 안 되고, 좋은 성적을 얻으려면 게임을 그만둬야 하며, 건강해지려면 술을 마시거나 밤을 새우면 안 된다.

돈, 물질, 권력, 미모, 건강, 생존 등 모든 욕구는 자유의 일부를 대가로 요구한다. 인간관계도 마찬가지다. 혼자일 때는 옷을 입고 싶지 않으면 벗고 있어도 되지만 사람들 속에 있으려면 옷을 단정하게 입어야 한다. 다른 사람과 함께 있는 한 기본적인 도덕과 법률, 법규를 준수해야 하고 약속한 규범을 따라야 한다. 이것이 바로 문명이다.

외로워하거나 혼자 있기를 즐기거나

인간관계를 맺으면 우리의 자유는 일부 제한된다. 그러나 인간관계에서 벗어날 때는 더욱 고독해진다. 왜 우리는 혼자 있는 상태를 즐길 수 없을까? 왜 우리는 자신의 자유를 희생하면서까지 다른 사람과 함께 있고 싶어 할까? 왜 우리는 외로움을 느끼는가?

외로움이란 무엇일까. 외로움은 한 사람이 타인이나 사회로부터 격리되어 소외감을 느끼는 주관적 느낌이다. 여기에는 '주관'

과 '격리'라는 두 가지 키워드가 있다. 이것에 대해 나는 특별한 경험이 있다.

나는 시골 출신으로 부모님은 모두 농사꾼으로 밭일을 했다. 부모님은 어린 나를 혼자 사는 이웃 할머니집에 맡기고 온종일 밭에 나가서 일을 하셨다. 그래서 어린 시절의 나는 늘 외로웠다고 생각해 왔다. 성인이 된 후 한번은 상담 선생님이 '외로움'이라는 주제로 내 사례를 다뤄 달라고 부탁했다. 그는 최면술을 이용해 나를 어린 시절로 데려갔다. 거기에서 나는 작은 남자아이가 홀로 나무 아래에서 놀고 있고, 그 누구도 곁에 없는 모습을 보았다. 그 아이는 바로 어린 시절의 나였다.

"어린 소년을 보면서 어떤 기분이 드십니까?"

그때 내가 느낀 외로움은 마치 시커먼 우물에 빠져 세상 모든 것과 연결이 끊긴 것 같았고, 부모님과 세상으로부터 버림받은 생각이 들었다.

"외로워요, 정말 외로워요."

"정말요? 다시 자세히 보세요. 아이는 뭘 하고 있나요?"

아직 최면 상태인 나는 선생님의 지시에 따라 그 아이에게 다가 갔다. 나는 아이가 한 무리의 개미들이 먹이를 옮기는 것을 온 정신을 집중하여 보고 있고, 미풍이 가볍게 그의 이마 앞 머리카락을 스치는 것을 보았다. 그 순간, 나는 어린 남자아이가 개미와의 놀이를 즐겼다는 것을 깨달았다.

내가 생각하는 외로움은 나의 판단, 주관적 인식에 불과했다. 사실 화면 속에 나는 혼자였지만 그 순간을 즐기고 있었고, 외롭지 않았다. 이런 상태는 '외로운 것'이 아니라 '홀로 있는 것'이라고 말한다.

홀로 있는 것도 물론 주관적인 것으로 한 사람의 주관적 선택을 말한다. 즉, 혼자서도 세상과 연결되는 것을 느낄 수 있는 일종의 열려 있으며 즐기는 상태인 것이다.

김용의 소설 『신조협려』에서 양과는 용녀를 16년간 기다린다. 꿋꿋한 그는 용녀를 생각하며 사랑해 왔다. 그는 혼자 있었지만 절대 외롭지 않았다. 이것이 바로 홀로 있는 것과 외로움의 차이이다. 그것은 세상과 연결되어 있는지에 따라 결정된다. 홀로 있는 사람의 세계는 폐쇄적이지 않고 다른 사람과 연결되어 있다. 혼자 살아도, 그 사람이 지금 곁에 없어도 어딘가에서 묵묵히 지지해 주고 배려해 주고 사랑해 주는 사람이 있다는 것을 잘 알고 있다. 그의 마음은 영양을 공급받아 따뜻하고 외롭지 않다.

반면, 외로운 사람은 비록 인파가 많은 번화가에 있어도, 주변의 사람들이 웅성거려도 마음이 외롭다. 누구도 그의 속마음을 신경 쓰지 않고, 아무도 그의 연약함을 읽지 못하고, 아무도 그의 뜻을 신경 쓰지 않고, 아무도 그가 정말로 즐거운지 모르기 때문이다. 그는 다른 사람과 연결되어 있음을 느끼지 못한다.

자신을 있는 그대로 받아들여야 자신을 좋아할 수 있다

왜 어떤 사람은 다른 사람과 좋은 관계를 맺는데, 어떤 사람은 오히려 홀로 먼 길을 가는 것일까? 사람과 사람이 연결된다는 건 무엇일까?

한 사람이 다른 사람과 연결될 수 있는 것은 자기 자신과 연결이 되어 있기 때문이다. 아이는 왜 개미 한 마리와 정신없이 놀 수 있었을까? 자신과 잘 연결되어 있었기 때문이다. 자신과의 연결이란, 사실 자신을 바라보고, 좋아하고, 자신을 온전히 받아들이는 것이다.

다른 사람과 연결이 안 되는 근본적인 이유는 자기 자신과 연결이 안 되어 있기 때문이다. 그들은 늘 불완전한 자신을 받아들이지 못하고, 자신을 비판하길 좋아해서 "네가 어떻게 그럴 수 있니?", "왜 즐겁지 않니?", "이렇게 많은 사람과 함께 놀았는데 어떻게 외로울 수 있니?", "너 왜 이 정도도 못하니?" 등의 질문을 자기 자신에게 하기 마련이다. 자기비판을 좋아하는 사람이라면 다른 사람을 비판하는 데도 익숙해져 있다. 그런 그가 다른 사람과 연결될 리는 무척 힘든 일이다.

자기 가치감이 높은 사람은 마음 깊이 자기 자신을 긍정하고, 인정하며 좋아한다. 그런 사람은 자신과 잘 연결돼 있고, 다른 사람과도 잘 연결돼 있다. 북적거리는 사람들 속에서 그들은 온 마음을 다 쏟아부으며 다른 사람과 함께 춤을 추고, 사람들과 만나고 사귀는 즐거움을 느낀다. 혼자 있을 때도 여전히 연결이 되어 있어 마음의 문을 활짝 열고, 현재의 모든 것을 기쁘게 받아들이며, 마음이 통하는 데서 오는 만족과 충만함을 즐긴다. 그렇게 혼자지만 외롭지 않다.

만약 혼자 있을 때 현재의 상태를 즐기고 있지 않다면 그것은 외롭다는 것을 의미한다. 다른 사람과 어울리기를 원하지 않으면서도 외로움을 느낀다면 다음과 같은 방법을 써 보자.

1. 수동적인 태도에서 능동적인 태도로 바꿔라

외로움은 주관적 감정의 일종이다. 외로움을 느낄 때, 사실 우리가 느끼는 외로움은 수동적이며 어쩔 수 없는 것이다. 이럴 때 "내가 스스로 혼자 있는 것을 선택한 것이고, 선택권은 나에게 있다."라고 스스로에게 말해 보자. 이런 암시와 조언이 인생의 선택권과 주도권을 되찾아 줄 것이다. 이것은 매우 중요한 첫걸음이다. 저명한 비폭력 커뮤니케이션 전문가인 마셜 로젠버그Marshall B.

Rosenburg 박사는 저서 『비폭력 대화』에서 '불가피한 것' 대신 '내가 선택한 것'으로 인생을 장악하는 연습을 언급하기도 했다.

2. 자신을 인정하라

외로움을 느끼는 것은 내가 자신과 잘 어울리지 못하고 연결이 잘 되지 않는다는 것을 의미한다. 눈앞에 끊임없이 스스로를 평가하는 자신과, 그리고 평가를 받도록 강요하는 자신이 있다고 상상해 보라. 어떻게 이런 자신과 잘 지낼 수 있겠는가? 그래서 자기 가치감을 높이는 것은 자기 자신을 긍정하고 좋아하는 데서 시작된다. 자신을 좋아할 줄 알게 되면, 자기 가치감은 점점 높아지게 되고, 자연히 혼자 있는 상태를 즐길 수 있게 된다.

3. 깨어 있어라

혼자 있을 때 스스로에게 혼자이길 선택한 것인지 아니면 수동적으로 외로운 것인지 물어보라. 이 둘의 차이를 깨닫게 될 때 자연히 의식적으로 자신을 긍정하고 좋아하게 되며 자연히 올바른 선택을 하게 된다.

앞에 나왔던 그 질문으로 돌아가 보자. "사람들과 어울리는 것을 싫어하는데, 이것이 정상인가?" 내 대답은 혼자 있는 그 상태는 문제가 없다. 중요한 점은 자신의 선택이냐, 아니면 수동적으로 일어난 상황이냐이다. 홀로 있는 것이 능동적 선택이라면 당연히 정상이고, 다른 사람과의 연락을 원치 않는다면 그것은 아마 당신의 마음속에 치유되어야 할 상처가 있기 때문일 것이다.

우리는 그것을 치유하여 혼자 있을 때의 고요함을 만끽하면서도 다른 사람과 잘 연결될 수 있도록 노력할 필요가 있다. 다른 사람과 좋은 관계를 맺을 수 있을 때 혼자만의 시간을 즐길 수 있다. 이것이 바로 정상적이고 건강한 심리 상태다.

물론 자신이 주변 사람들보다 훨씬 수준이 높고, 비슷한 수준의 사람을 찾을 수 없어서 다른 사람과 연결되지 않는 외로움도 있다. 이백이 말한 '자고로 성현들은 모두 적적하였다'는 것과 김용 소설의 독고구패獨孤求敗('자신을 이겨줄 적수'를 찾아 무림을 종횡했던 절대고수)가 여기에 해당한다. 자신의 외로움이 여기에 해당한다면 인간의 발전을 위해 이러한 외로움은 필요하므로 그 외로움을 잘 활용하라.

✦

"나는 혼자였지만
그 순간을 즐기고 있었고, 외롭지 않았다.
이런 상태는 '외로운 것'이 아니라 '홀로 있는 것'이라고
말한다.
그것은 세상과 연결되어 있는지에 따라 결정된다.
홀로 있는 사람의 세계는 폐쇄적이지 않고
다른 사람과 연결되어 있다."

바나나에 매달려 살고 있는
'인간'이라는 원숭이

끊임없이 물질을 추구하는 것은 안정감이 부족하기 때문이다

티티^{Titty}(젖꼭지)와 엔터테인먼트^{Entertainment}(오락)라는 영어 단어를 조합한 'Tittytainment(유두락)'라는 신조어가 있다. 힘을 가진 20퍼센트가 불만 있는 대다수 80퍼센트에게 젖꼭지만한 아주 작은 즐길 거리와 먹거리를 제공해 그들의 기분을 맞춰 주며 영원히 노예로 부려먹는다는 것이다. 인간의 삶이 오락 정보로 넘쳐나면 젖꼭지만 물어도 만족할 수 있는 것처럼 깊이 배우지 않고 배움의 열정, 항쟁의 의욕, 사고력을 잃어 간다는 것이다.

'젖꼭지 달래기'는 얄팍한 오락에 안주하게 만들면서 오히려 삶의 즐거움이나 중요한 것을 놓치게 만든다. 좋은 차, 대저택, 명예, 지위 같은 것을 얻기 위해 삶의 질을 희생하는 사람도 있고, 어떤 사람은 목숨까지 건다. 사실 사람들이 애타게 좇는 것은 '젖꼭지 달래기'에 불과하다. '안심 젖꼭지'는 구강기의 아기에게 안정감을 충족시키는 역할을 한다. 태어나서 한 살 반 사이의 아기들은 모든 것을 입에 넣기를 좋아하는데, 억지로 빼면 금방 울고불고 난리를 친다.

아이든 어른이든 안정감이 부족할 때는 뭔가 차지하려 든다. 유형적이든 추상적이든 이는 어린아이를 달래는 공갈 젖꼭지처럼 우리에게 안정감을 주는 역할을 한다. 그 안정감은 언뜻 행복하거나 따뜻해 보이지만 어느새 발목을 잡고 '즐거움'을 달래는 끈이 돼 자유를 빼앗고 통제·구속할 뿐이다.

중국 할머니와 미국 할머니가 각각 세상을 떠난 뒤 천국에서 만났다. 중국 할머니는 죽기 전에 악착같이 아껴서 겨우 집 한 채를 샀다고 한탄했다. 막 인테리어를 마친 후 죽어 버려 일생을 헛수고한 셈이었다. 미국 할머니는 20년 전 대출을 받아 집을 한 채 샀다며 만족해했다.

이 이야기는 대다수 중국인의 주택 구입 관념을 잘 보여 준다. 집을 한 채 분양받으면 그 할부금을 사는 내내 갚아야 한다. 그런데도 왜 그렇게 많은 사람이 앞다퉈 집을 사는 걸까? 집이 있으면 소속감을 느끼고, 자신이 의지할 곳 없는 외로운 철새라는 생각이 들지 않기 때문이다. 갓난아기를 달래는 젖꼭지처럼 집이 있어야 안전하다고 느끼는 것이다.

집이 아니고도 유무형의 젖꼭지 달래기처럼 안정감을 주는 유·무형의 것들이 많다. 그러나 튼튼해 보이는 그 어떤 것도 우리에게 영원한 안정감을 줄 수는 없다.

내가 원하는 안전감을 다른 사람이 줄 수는 없다

사람의 성격을 아홉 가지 유형으로 나누고 각각의 성격을 점 1, 점 2, 점 3으로 구분하는 '구형인격'이라는 학문이 있다.

점 1의 사람:

생존을 최우선 순위에 두기 때문에 '자기보호형'이라고도 한다. 그들은 충분한 자원을 확보해야만 자신의 생존 안전이 보장됐다고 느낀다. 한 집단 혹은 낯선 곳에 갈 때마다 그들은 우선 유리한 위치를 차지하고, 유리한 자원을 차지한다. 이런 자원은 보통 물질이거나 화폐로 가늠할 수 있다. 그들은 언제라도 생존의 위협을 받을 것 같아 자원을 더 많이 확보해야 인생이 안전해진다고 생각한다. 이 범주에 속하는 사람들에게 '공갈 젖꼭지'는 생존의 기회를 더 많이 확보하게 하는 물질이나 권력을 말한다. 그들의 행복감은 그들이 가진 것에 달려 있다. 얻으면 기뻐하고, 잃으면 슬퍼한다. 다만 소유욕은 밑 빠진 독에 물을 붓는 것과 같아서, 대부분 사람의 욕망은 결코 충족될 수 없기에 그들은 평생 열심히 쫓아다닌다.

점 2의 사람:

사교적인 자리에서 여러 사람과 동시에 사귀기 어려워하며, 대화할 수 있는 사람을 찾아 '일대일 관계'를 발전시키는 경향이 있다. 그들은 물질·권력에는 관심이 없고 꽤나 안전감을 누리고 있는 것 같다. 하지만 이는 누군가에게 안전감을 맡겼을 뿐 그 사람과 좋은 관계를 유지하면 안전하다고 착각하는 것이다. 반대로 관계가 어그러지면 그만큼 고통스러워한다. 이런 사람은 관계에서 쉽게 고통을 받는데, 사람은 다른 사람을 통제하기 어렵기 때문이다. 자신이 원하는 안전감을 다른 사람이 줄 수는 없다. 안전감을 완전히 다른 사람에게 맡기면 우리의 인생은 틀림없이 매우 수동적으로 흘러갈 것이다.

점 3의 사람:

많은 사람과 관계 맺기를 더 선호한다. 인류는 일찍이 원시림에서 생활하였다. 예를 들어 생각해 보자. 항상 사람들에게 둘러싸여 있으면 사자나 치타 등 맹수가 갑자기 몰려와도 크게 걱정할 것이 없다. 그래서 점 3의 사람은 많은 사람이 곁에 있어야 안전하다고 느낀다. 그들은 더 많은 사람을 끌어모으기 위해 공작이 화려하게 꼬리를 펼치는 것처럼 자신의 인간적인 매력을 드러내려고 해서 '공작형'이라고 불리기도 한다. 더 많은 성취감과 관심이 필요한 그들은 자신의 정서적 스위치를 다른 사람에게 양보하고, 희로애락의 열쇠를 다른 사람에게 맡긴다. 그리고 자신에 대한 타인의 평가에 신경을 쓴다. 다른 사람의 한마디 말이 그를 천국으로 보낼 수도, 한순간에 지옥으로 보낼 수도 있는 것이다.

안전을 추구하며 살고자 하는 것은 진화의 결과이다. 고등동물일수록 스스로를 더 안전하게 지킬 줄 안다. 안전한 생활환경을 추구하는 것은 아무 문제가 없다. 문제는 이미 많은 사람이 안전하게 살고 있는데도 여전히 안전감을 추구한다는 것이다.

그것은 내면에 결핍이 있어서이지 실제 생존을 위한 안전 욕구와는 큰 관계가 없다. 우리가 소유한 것을 통해 안전하다고 느낀다면 타인과 환경에 쉽게 휘둘리고 만다. 최선을 다해 소유하려고 하는 것은 사실 갓난아기의 공갈 젖꼭지처럼 잠시 우리에게 심리적 안정감을 줄 뿐 다른 큰 가치는 없다. 그럼에도 그것을 얻기 위해서 우리는 열심히 좇으며 평생을 고통스럽게 살아간다.

스스로 자신의 불안감을 볼 수 없다면 물질이나 상황의 노예가 될 수 있다

두려움과 불안을 느낄 때 타인에게 쉽게 이용당하거나 조종당할 수 있다. 또한 만약 스스로 자신의 불안감을 볼 수 없다면, 비록 다른 사람이 조종하지 않더라도 물질 혹은 상황의 노예로 전락할 수도 있다.

원숭이 우리 옆에 바나나 한 개를 던져 놓는다. 바나나를 먹기 위해서 원숭이가 손을 뻗어 바나나를 쥐면 주먹이 커져 손을 우리 틈새로 빼낼 수가 없다. 우리는 원숭이가 정말 어리숙하다고 생각할지 모른다. 바나나를 놓으면 손을 뺄 수 있을 테니 말이다. 안타깝게도 아무리 재치 있는 원숭이라도 바나나를 손에서 놓치지 않으려고 철장 옆에서 발버둥 친다.

물질적 욕망에 허덕이던 점 1유형, 인간관계가 너무 어렵던 점 2유형, 혹은 보이지 않는 인정과 영예를 필사적으로 추구하는 점 3유형. 사실 이들은 자신에게 안정감을 줄 수 있을 것처럼 보이지만 그저 원숭이가 손에서 놓지 않으려고 했던 바나나와 같은 것들에 매달려 살고 있는지 모른다. 그것이 우리의 목숨을 빼앗진 않겠지만 자유는 충분히 빼앗을 수 있다.

지금 무엇을 좇고 있는가? 그것은 아마도 '공갈 젖꼭지'에 불과할 것이다.

✦

"안정감이 부족할 때는 뭔가 차지하려 든다.
유형적이든 추상적이든
이는 어린아이를 달래는 공갈 젖꼭지처럼
우리에게 안정감을 주는 역할을 한다.
하지만 그 안정감은 언뜻 행복하거나 따뜻해 보이지만
어느새 발목을 잡고 '즐거움'을 달래는 끈이
돼 자유를 빼앗고 통제·구속할 뿐이다."

환상 속에
어리숙한 그대가 있다

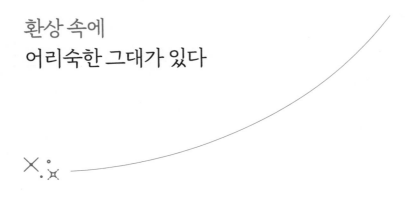

이 세상에서 어떤 사람은 평생을 환상 속에서 산다

어떤 사람이 자는 '척'을 하고 있다. 하지만 우리는 이를 알지라도 그를 깨우기는 조심스럽다. 이처럼 자랑과 허세로 허영심과 자기만족을 얻는 사람들을 누가 일깨울 수 있을까?

내 친구 중에는 허영심과 자기만족에서 일깨워주고 싶은 한 친구가 있다. 그는 내가 아는 멘토 중에 가장 천부적인 재능을 가졌다. 우리는 멘토반을 이미 5기를 운영했고 멘토반을 졸업한 후 전국 교육계에서 활동하는 멘토가 최소 300여 명이다. 하지만 그들 중에 그 친구처럼 잘생기고 노래와 춤도 잘 추고 기타도 잘

치는 데다 타고난 목소리까지 겸비해 연예계에 진출해도 모자랄 정도로 끼가 많은 멘토는 없다. 그러나 그에 대해선 늘 호불호가 갈린다.

그의 SNS 피드를 보면 언제나 행복과 성취감으로 가득 차서 큰 회의장에서 강연을 하는 모습이거나, 아니면 사인을 받으려고 몰려드는 팬들로 가득하다. 그와 만나거나 통화라도 할 때면 그는 희소식을 끊이지 않고 들려준다. 글로벌 그룹과 계약을 했다거나, 새로운 비즈니스 모델을 만들었다느니….

그런데 한번은 내게 당신처럼 교육하는 것은 너무 바보 같은 일이며, 노력한 만큼 벌지도 못하니 교육 및 기타 산업을 통합한 그룹사를 세워 미국에 상장해 보는 것은 어떠냐고 물어왔다. 그래서 그 제안에 대해 타당성이 있는지 검토를 하고 있던 때였다. 뜻밖에 한 지인으로부터 그와 오랜 파트너였지만 지금은 갈라섰다는 이야기를 들었다. 이유인즉슨, 그 친구가 본업에 집중하지도 않고 그의 회사 또한 몇 개월 동안 직원들 월급도 주지 못하고 있는 실정이라는 것이었다.

얼마 전 그 친구는 내게 전화를 걸어 새로운 교육 방식을 만들었는데 인터넷 회원이 이미 백만 명에 육박하고 천 명의 수강생을 위한 교육자로 나를 초청하겠다는 것이었다. 그러면서 이것은 수강생의 신기록이 될 거라고 말했다. 나는 그의 말을 믿고 시간을 잘 안배하여 그 눈부신 순간이 오기를 기다렸다. 하지만 시간이 흐를수록 그의 회사는 어려워졌고, 그가 말한 화려함은 모두 거짓이었으며, 예정되어 있던 강의 또한 신청한 수강생이 부족해 취소되고 말았다. 그의 말로는 이미 백만 명에 가까운 유료 회원이 있다고 했는데 어떻게 곤경에 처하게 된 건지 나는 참지 못하고 그에게 전화했다.

하지만 그는 또다시 내게 언제나처럼 좋은 소식만 들려주었다. 그는 여전히 호기롭게 말했다. 강의가 취소된 것은 결코 학생을 모집하지 못해서가 아니라, 자신이 최근에 정말 바빠서 신경을 쓸 수가 없어서라고 말이다. 자신에게 시간을 조금만 더 주면, 반드시 역사적인 기록을 세우게 할 거라고 했다.

그를 알게 된 지 7년이 넘었다. 그런데 그의 재능에 한참 미치지 못하던 그의 동료들도 모두 이미 심리교육계의 명사가 되었지만, 그 사람은 아직도 자신만의 환상 속에 살고 있다.

혹시 위 사례의 이야기가 데자뷔처럼 느껴지진 않는가? 여러분 주변에도 그와 같은 사람이 있지 않은가? 다른 사람들 앞에서 자신은 늘 빛나고 성공한 사람처럼 말하며, 타인이 하는 작은 일은 무시한다. 이런 사람 앞에서는 우리가 자아 가치감이 높은 편이라 할지라도 약간의 열등감을 느끼기 마련이다. 그들이 말하는 것은 모두 내가 따라잡을 수 없는 큰 일이기 때문이다.

그러나 시간이 갈수록 작은 일을 하던 우리는 계속 발전하지만, 큰 일을 하던 그들은 여전히 10년 전과 다름없이 호기롭게 자신들의 위대한 사업에 대해서만 떠들 뿐 실상은 없다. 단지 사업의 명칭만 계속 바뀐다. 그들에게 시간이 흐를수록 늘어만 가는 건 빚일지도 모른다.

어떤 일이라도 에너지를 소비하기 마련이다

왜 천부적인 재능이 많은 사람이 사업에서는 오히려 재능이 없는 평범한 사람을 못 당할까? 그 이유를 알기 위해선 '거짓말'이라는 인간의 천성부터 알아야 한다. 거짓말은 인간의 본능으로 동물의 위장僞裝 본능에서 발전해 온 것이다.

먼 옛날의 인류는 숲속에서 살 때 사나운 짐승의 습격을 피하려고 자신을 위장해야 했다. 인류가 언어를 발전시키면서 위장은 몸짓 위장에서 언어 위장으로 진화했다. 말로 자신을 위장하는 것이 바로 '거짓말'이다. 거짓말 자체는 잘못되지 않았다. 왜냐하면 이는 인간이 생존을 위해 발전시킨 기능이고, 위험한 순간에 사람을 살리는 기능을 하기 때문이다. 그러나 우리가 이런 생존 본능을 남용한다면 위험할 수 있다.

심리학 원리에 따르면, 행동은 반드시 환경의 범주에서 보아야 의미가 있다. 같은 행위라도 서로 다른 상황의 범주에서 일어난다면 완전히 다른 의미가 된다. 이를테면 목숨을 지켜야 하는 상황에서 위장하는 것은 생명을 구하는 행위다. 그러나 평화로운 시대에 시시각각 자신을 위장하는 것은 대가를 치러야 한다. 어쩌면 잘못된 길에서 에너지를 소진하거나 아무것도 하지 못하거나 피곤해질 수도 있다.

왜 그렇게 될까? 원리는 매우 간단하다. 모든 행동은 에너지를 소모하지만, 일반적인 행동은 끝이 있기 마련이다. 행동이 끝났을 때 에너지는 즉각적으로 보충을 받는다. 달리기를 하면 에너지가 많이 들지만 사람이 항상 뛰는 것은 아니지 않은가? 프로 스포츠 선수라고 해도 쉴 때가 있다.

그러나 거짓말은 영원히 쉴 수 없게 만든다. 한 가지 거짓말은 몇 개의 거짓말로 감춰져야 하고, 몇 가지 거짓말은 더 많은 거짓말로 감춰야 한다는 사실을 우리는 이미 알고 있다. 비록 거짓말을 하는 것이 결코 힘들지 않는 것처럼 보이지만, 거짓말이 끊임없이 작동할 때 그 많은 에너지가 끝없이 소모되는 것을 참을 수 있겠는가?

다른 사람은 속여도 스스로는 속이지 마라

그럼 어떻게 하면 거짓말을 하지 않거나, 거짓말을 최소화할 수 있을까? 먼저 거짓말을 하게 되는 이유를 살펴보자.

거짓말은 다른 사람에게 거짓말을 하는 것과 자기 자신에게 거짓말을 하는 것, 두 종류가 있다. 전자는 자신이 거짓말을 하고 있다는 것을 알기 때문에 눈치만 챙기면 된다. 거짓말을 하는 것이 에너지를 소비하는 행동이라는 것을 알게 되면 똑똑한 뇌는 거짓말을 멈춘다. 어떤 행동이 자신을 해칠 수 있다는 것을 알면서도 계속하는 사람은 없다.

하지만 스스로를 속이는 것은 꽤나 복잡하다. 어떤 사람이 스스로를 속이고 있을 때 자신이 거짓말하는 것을 알지 못하는 경우가 많다. 알아채기 쉽지 않은 거짓말을 '합리화'라고 한다. 심리학 연구결과에 따르면, 대다수 사람은 잠재의식 속에서 자신의 행동이 모두 옳다고 느낀다. 사람들은 무언가를 인정하거나 목표를 설정하고 나면 환경이 바뀌어서 원래의 목표가 터무니없어져도 자신이 옳다는 것을 증명하기 위해 어떤 이유라도 찾아서 그 상황을 벗어나려고 한다. 그리고 그 일을 합리화하고 납득시켜서 안정을 되찾고 진정한 진실을 볼 수 없게 만든다.

합리화는 심리적 방어기제의 하나로 무의식중에 사람들은 자신의 행동을 합리적으로 해석함으로써 자신의 잘못을 감추고 초조함에서 오는 고통을 줄여 자존감을 지킨다. 합리화에는 보통 다음의 세 가지 패턴이 있다.

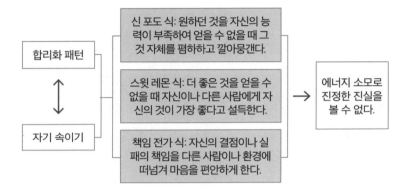

1. 신 포도 식: 이 메커니즘은 이솝의 우화에 나오는 이야기로 여우가 자신이 먹지 못하는 포도를 모두 시다고 생각하는 것과 같다. 우리도 마찬가지로 자신이 추구하는 것을 자신의 능력이 부족해 얻을 수 없을 때 그것을 폄하하고 깔아뭉개는데, 이런 합리화 모델을 '신 포도 식'이라고 한다.

2. 스윗 레몬 식: 여우가 포도를 먹지 못해 레몬 나무 곁으로 갔다가 배가 고프면 레몬을 따서 허기를 채운다. 먹으면서 레몬이 달콤하다고 말하지만 사실 레몬은 시큼시큼하다. 때로는 이 여우처럼 우리가 더 나은 것을 얻을 수 없을 때 또 다른 방어 메커니즘을 발전시켜 자신과 다른

사람을 설득하고, 자신이 하고 있거나 가진 것이 최선의 선택이라고 강조하고, 일의 좋은 면을 강조함으로써 내면의 실망과 고통을 줄이려는 방어적 노력을 기울일 때가 있다. 이 메커니즘은 우리의 삶이 발전하는 것을 방해한다.

3. 책임 전가 식: 개인의 단점이나 실패의 책임을 다른 사람이나 환경에 떠넘겨 마음을 편안하게 하는 것을 말한다.

위 세 가지 합리화 패턴은 모두 거짓말을 하는 것이다. 다만 이런 거짓말은 남이 아닌, 자신을 속이는 것이다. 남을 속이면 알아차리고 변화를 꾀하기가 쉽지만, 자신을 속이는 것은 더 깊이 숨겨져 있어 자신에게 더 큰 상처를 줄 수 있다. 그렇기에 누구도 자신을 속이지 마라.

다른 사람을 속이든 자신을 속이든, 모두 에너지를 소비하게 만든다. 우리가 거짓말을 하고 있다는 것을 똑똑히 인식하고 그것을 솔직하게 인정해야만 에너지를 소모하는 이러한 위장 행위를 멈출 수 있다.

지금 이 순간부터 더 이상 거짓말을 위해 힘을 쓰지 않는다면, 자신이 좋아하는 일에 소중한 에너지를 쏟을 수 있다.

✦

"거짓말을 하는 것이 결코 힘들지 않는 것처럼 보이지만,
거짓말이 끊임없이 작동할 때
그 많은 에너지가 끝없이 소모되는 것을
참을 수 있겠는가."

영원히 오지 않을
내일을 기다리는 아둔함

사자와 어린 양은 함께 살 수 있다

나는 세계 여행을 좋아한다. 듣건대, 지구상에는 생기가 넘치고 끊임없이 무리를 이룬 얼룩말이 자유롭게 달리는, 마치 시간이 멈춘 듯한 곳이 있다. 그곳은 얼룩말의 고향이자 미국 내셔널지오그 래픽이 평생에 가봐야 할 50곳 중 하나로 선정한 깨끗하고 아름 다운 곳이자 야생동물의 낙원이다.

무더운 8월, 나는 지구상에서 가장 큰 야생동물 서식지인 탄자 니아의 세렝게티 대초원을 다녀왔다. 그 여정은 내 인생에 크나큰

충격을 주었다. 내가 감동한 것은 수십만의 영양이 몇십 킬로미터에 달하는 거리를 이동하는 모습이거나, 지척에 있는 사자나 치타가 사냥하는 모습이 아니었다. 한밤중에 천막 밖에 있는 이름 모를 동물이 울부짖을 때도 아니었고, 멋진 수컷 사자가 암컷 사자와 함께 석양을 보는 낭만이나 해가 뜰 때 소와 양을 보는 풍경도 아니었다. 내가 감동한 장면은 다름 아닌 사나운 사자와 치타가 온순한 영양이나 얼룩말과 함께 어울리는 불가사의한 모습이었다.

처음 이 초원에 발을 들여놓았을 때 많은 유럽 관광객이 표범의 습격을 받을지도 모른다는 염려나 110킬로미터나 되는 치타의 속도를 무서워하지 않고 오픈카를 타고 사파리를 한다는 사실을 알게 됐다. 동아프리카의 대초원 투어인 사파리는 탐험, 피크닉, 특정 동물 찾기 등 독특한 방식으로 운영된다. 나는 대형 동물의 기습이 두려워 안전하게 밀폐된 지프를 탔지만 그래도 지프 지붕이 열려 있어 무서웠다. 이전에 나는 표범이 차 지붕 위로 한 번에 뛰어오르는 영상을 봤기 때문이다. 가이드는 내가 무슨 생각을 하는지 알겠다는 듯 웃으며 말했다.

"여기서는 그 문제를 걱정하지 않아도 됩니다. 배부른 표범은 공격성을 보이지 않아요. 심지어 영양이 치타를 무서워하지 않는 모습도 볼 수 있을 거예요."

그 말을 들었을 때는 설마했지만 눈앞에 펼쳐진 동물들의 화기애애한 장면에 그 말을 믿지 않을 수 없었다. 석양이 질 무렵 서쪽에서 피어오른 먼지는 햇빛을 통해 금빛을 발하고 있었다. 치타는 말할 것도 없고, 사자가 곁을 천천히 지나가도 영양은 여전히 옆에 아무도 없는 듯 귀밑을 쓰다듬었다. 위풍당당한 수사자들은 초원을 유유히 거닐고 있어 우리가 지나가도 별다른 반응이 없었다. 바람이 구름을 산 너머로 데려가니 모든 것이 광활했다. 이러한 따뜻한 장면을 보자 나는 사자의 포효하는 울음소리나 그들이 이 땅의 왕이라는 사실을 잊어버렸다.

　만물이 모두 가을빛 아래서 자유롭게 살기 위해 다투고 있었다. 이 자연의 요정들은 생명을 가지고 자유를 쫓고 있었으며, 그들은 무리를 지어 초원과 파란 하늘이 만나는 곳으로 달려가는데 마치 그곳에서 영원한 삶을 사는 것 같았다. 이 아름다운 장면 앞에서 나는 숨 쉬는 것도 잊은 채 온몸의 세포 하나하나로 고요함을 만끽했다. 그 순간 불현듯 이런 생각이 들었다.

　'왜 사자는 배불리 먹으면 하루 종일 안락한 삶을 누릴 수 있는데, 인간은 늘 불확실한 미래 때문에 지쳐 있을까?'

오지도 않은 미래 때문에 현재를 희생하다

시멘트로 발라진 도시에 살든, 전원 농가의 시골에 살든, 인간은 영원히 지금 현재에 만족하지 못한다. '좋은' 미래를 위해 악착같이 돈을 아끼는 사람들을 주변에서 많이 볼 수 있다. 컴퓨터 바탕화면의 아름다운 풍경 사진만 보면서 여행은 엄두도 못 낸다. 수입이 많지 않은 젊은 사람이라면 그렇게 절약하는 것에 동의하겠지만, 내가 아는 지인 중에는 억대 기업인도 그렇게 생활한다. 그들은 누리는 것을 적대시하며 '즐거움'의 문턱만 건드리다가 이내 발길을 돌린다. 수입이 많아도 당장 돈을 쓰지 못하고 은행 계좌의 예금 액수만 늘리는 데 혈안이 돼 있다.

왜 동물은 배부르게 먹고 나면 현재 상황을 누리며 미래를 걱정하지 않는데, 문명이 고도로 발달한 현생의 인류는 불확실한 미래를 위해 늘 분주하게 움직이는가?

언젠가 한 기업인을 상담한 적이 있었는데 그는 어떻게 목표를 달성할지 그 방법을 고민하고 있었다. 나는 그에게 목표를 달성하면 어떻게 자신을 칭찬할 생각이냐고 물었다. 그는 한참을 침묵하다가 "며칠 휴가를 내고 푹 쉴 거예요."라며 이전에 한 번도 쉬지 못했던 것처럼 서글프게 말했다. 나는 그에게 "왜 평소 자신에게 휴가를 주지 않아요?"라고 물었더니 "시간을 낭비할 엄두가 나지 않아요. 젊을 때 미래를 위해 기초를 닦아놔야 하거든요."라고 말했다.

미래를 위해? 얼마나 많은 사람이 그 불확실한 미래를 위해 현재를 희생하며 살고 있는가. 현재 삶의 스트레스가 심하고 앞으로 어떻게 될지 알 수도 없고 노후 준비도 안 되어 있기 때문이라고 말할지도 모른다. 일리가 있는 말이다. 현재의 행복도 중요하게 생각하면서 균형 있는 시간 안배와 지출을 고려해 보자.

지금 이 순간을 소중히 하지 않는다

10만 년 전 지구에는 여러 강한 동물들이 살고 있었다. 그런데 시간이 흐르면서 왜 약해 보이는 인간이 먹이사슬의 맨 꼭대기에 서게 된 것일까? 유발 하라리Yuval Noah Harari는 『사피엔스』에서 인간이 진화하면서 두뇌가 엄청나게 발전했기 때문이라고 말한다.

뇌의 기능 중 하나는 미래를 계획할 줄 알고, 추운 겨울이 다가오거나 재난이 닥치기 전에 예비할 수 있도록 하는 것이다. 뇌는 미래를 걱정할 줄 알게 해 주고, 그래서 인간은 더 강한 생존력을 갖게 됐다.

그러나 모든 일에는 일장일단이 있기 마련이다. 인류는 '생존 능력'을 갖추는 동시에 점점 '삶의 능력'을 잃게 되었다. 많은 사람이 전쟁과 역병, 기근에서 벗어나 편안한 문명도시에서 살아가고 있음에도 우리의 뇌는 생존을 추구하고 있다. 우리가 생존을 추구할 때, 초점은 언제나 미래에 있기 때문에 미래의 여러 불확실한 요소들은 불안감을 느끼게 하며, 현재의 아름다움을 보기 힘들게 만든다. 이것은 우리가 현재에 집중할 수 없는 근본적인 이유이기도 하다.

이 세상에 변하지 않는 것은 '변화한다'는 사실 뿐이다. 미래는 원래 무수한 미지와 가능성으로 가득 차 있다. 미래의 불확실한 요소들이 얼마나 많은가. 미지의 생존 환경, 국제 정세, 경제 여건, 의료 수준···. 이런 요소들이 우리의 생존을 위협하지 않도록 강력한 두뇌는 우리가 생존을 미리 준비하게 한다. 이렇게 끊임없이 생존을 위해 노력해 왔기에 우리 인간은 현재를 살아가기는커녕 살아갈 여유조차 없다. 미래는 아직 오지 않았는데 우리는 미래를 위해 지금 소중히 여겨야 할 모든 것을 버리고 있다. 그럼 현재의 의미는 어디에 있는가?

이쯤 되면 우리가 뇌에 '속았다'고 생각할지도 모른다. 사실 우리는 뇌가 미지를 예견하고 위험에서 벗어나 안전하게 생존할 수 있게 해 준다는 사실에 감사해야 한다. 그러나 휘영청 밝은 달도 어두운 뒷면이 있는 것처럼 우리는 미래의 아름다운 삶을 위해 노력하는 도중에 현재를 간과하기 쉬워진다.

현재뿐 아니라 삶 전체를 희생하게 된다

깨달음은 우리에게 자유를 준다. 깨달음을 얻으면 스스로가 어떻게 생존을 추구하는지 패턴을 볼 수 있기 때문이다. 자신의 아름다운 삶에 대한 갈증도 볼 수 있고, 스스로가 현재에 소홀해지는 것도 볼 수 있기 때문에 자연스럽게 선택의 여지가 생긴다.

우리의 삶이 정말 위험에 처했을 때는 잠시 현재를 희생하는 선택을 할 수 있다. 하지만 그런 경우가 아니라면, 어떠한 미래도 현재를 희생할 수 없다. 인생은 현재로 이루어지기 때문이다. 현재를 기분 나쁘게 보내면 결과는 무의미해진다. 언젠가는 분명히 비록 현재를 희생했지만 반드시 아름다운 미래가 오지 않는다는 것을 알게 될 것이다. 그러므로 이때 희생하는 것은 현재뿐만 아니라 어쩌면 자신의 삶 전체일 수도 있다.

나는 올해 90세가 다 되어 가는 장모님을 뵈러 갈 때마다 맛있는 음식을 많이 챙겨 간다. 그때마다 "이도 없는데 뭘 이렇게 많이 사 오냐. 에휴, 이전에 이가 있을 때는 먹을 것이 없었는데 지금은 먹을 것은 있는데 이가 없구나. 이전에 잘 수 있었을 때는 잘 시간이 없었는데, 지금은 시간은 남아도는데 불면증으로 잠을 못 자네. 에휴…." 장모님이 이런 하소연을 할 때마다 나는 가슴이 쓰라

렸다.

　미리 앞으로의 일을 준비하려는 것은 인류의 천성이다. 나는 그 천성이 되려 우리의 인생을 통제하는 것을 차마 볼 수 없을 뿐이다. 지금보다 더 나은 삶을 추구하지 말라고 권하는 것이 아니다. 미래를 위해 애쓰기보다는 현재 가진 것을 즐기면서 물질적 부를 축적해 미래를 대비하기보다 스스로의 능력과 자신감을 높여야 한다는 말을 하는 것이다. 자신에 대한 확신이 충분할 때 미래가 어떻게 변화하고 발전하든지 자유자재로 대처할 수 있다.

✦

"우리의 삶이 정말 위험에 처했을 때는
잠시 현재를 희생하는 선택을 할 수 있다.
하지만 그런 경우가 아니라면,
어떠한 미래도 현재를 희생할 수 없다.
인생은 현재로 이루어지기 때문이다."

나와 너,
그리고 상황의 최적화를 만들어라

인간관계에는 자신과의 관계도 포함되어 있다

팀을 관리하는 데는 기본적인 질서가 필요하다. 메신저 앱인 위챗 그룹을 관리하는 것도 예외가 아니다. 나는 일찍이 많은 위챗 그룹을 연 적이 있었으나, 대부분 잘 관리하지 못해 광고로 도배됐고, 어쩔 수 없이 퇴출되었다. 많은 리더들이 피를 흘리며 메신저 그룹을 만들고 나서 룰을 엄하게 관리하지 못해, 다른 사람에게 미움 사는 것이 두려워 결국 흐지부지되는 경우도 많이 봤다.

몇 년 전 나는 신세대 실용심리학 멘토를 양성하면서 두 개의 멘토 위챗 그룹을 운영해 멘토들이 서로 교류할 수 있게 했다. 지금까지 500명 이상이 가입했다. 얼마 전 멘토 중 한 명이 광고를 올려서 탈퇴시켰다. 그랬더니 회원들이 "단장님, 원망을 사는 게 두렵지 않으세요?"라고 물었다. 나는 "내가 그에게 미움을 사지 않으면 그는 나를 포함해 400여 명의 다른 사람들에게 미움을 사게 될 거다."라고 말했다. 회원들은 대부분 내가 말하는 것이 무슨 의미인지 이해하지 못했다. 여기서 나는 사람의 기분을 나쁘게 하는 것에 대해 말하려고 한다.

먼저 한 가지 사례를 들여다보자. 이전에 나는 천 명 가까이 되는 사람들이 참석하는 심리학 콘퍼런스를 연 적이 있었다. 대회가 시작되기 전에는 모든 과정의 리허설을 통해 대회가 순조롭게 진행되도록 확인해야 한다. 그런데 댄스팀이 리허설을 할 차례가 되었는데 인솔자가 보이지 않는 것이었다. 댄스팀과 연락을 담당하는 직원을 불러 이유를 물었다. 그는 매우 난감해하며 "단장님, 일찍 와 달라고 요청했지만, 그 사람이 일이 생겨서 정오에나 올 수 있다고 합니다."라고 말했다. 그 말을 듣자마자 나는 크게 화를 냈다. 오후 두 시에 콘퍼런스가 시작되는데 점심때 도착하면 어떻게 리허설을 할 수 있겠는가. 나는 그에게 왜 오전 일찍 올 수 있도록 일처리를 못했는지 물었다. 그는 댄스팀이 협력업체라 강요하기 어려웠고, 그의 기분을 상하게 할까 봐 두려웠다고 털어놓았다.

"그 사람한테 미움을 살까 봐 두려워하면서 나한테 미움을 사는 건 두렵지 않았나요? 콘퍼런스에 참석하기로 한 천여 명의 관중과 회사 전체 동료들에게 미움을 사는 것은 두렵지 않았나요? 만약 이 코너가 잘못돼 개막식에 차질을 빚는다면 누가 책임집니까?"라고 화를 내며 그에게 되물었다. 그의 억울한 눈빛과 말문이 막힌 표정에서 그가 누구의 기분도 상하게 하지 않으려다 자신의 기분이 상한 것을 알아차릴 수 있었다. 결국 나는 직접 인솔자에게 전화를 걸었고 그는 곧 나오겠다고 했다. 사실 상대방은 그렇게 큰 일은 없었는데, 단지 우리 측이 감히 요구하지 못했을 뿐이었다.

인간관계는 정말 신경 쓰이는 일이다. 면밀하고 모든 일에 조화를 이루는 것이 최상의 인간관계라고 생각하는 사람이 많다. 정말 그런가? 인간관계에는 '상황, 타인, 나 자신'이라는 세 가지 요소가 포함되어 있다. 일반인이 이해하는 관계에는 상황과의 관계 및 타인과의 관계일 뿐 '자신'과의 관계는 별로 고려하지 않는다.

자신과의 관계는 무엇인가? 유명 청년 작가 장팡저우^{蔣方舟}는 『기파대회』에서 자신의 경험을 나누며 어떤 친구가 자신에게 '사람들과 진실한 관계를 형성한 적이 있느냐?'고 물었다고 한다. 그녀는 무엇이 진실한 관계인지 물었고, 친구는 그 사람과 싸울 수도 있고, 자신의 가장 못난 면을 그에게 드러낼 수도 있는 것이 진실한 관계라고 했다.

그녀는 누구와도 이런 진실한 관계를 맺은 적이 없다는 생각이 들었다. 그녀는 갈등을 두려워하고, 남이 기분 나쁠까 봐 보통 비위를 맞췄으며, 내심 타인의 의견에 동의하지 않아도 거짓으로 받아들이고, 솔직한 감정을 표현하지 못했다는 것이다.

그의 이야기는 수재인 장아이링張愛玲이 한 말을 떠올리게 했다.

"그를 보더니 그녀는 매우 낮아져서 먼지 깊은 곳에 빠져 버렸다. 하지만 속으로는 기뻐했고 먼지 속에서 꽃이 피어나왔다."

이 말은 본래 사랑의 아름다운 환상을 뜻하지만, 우리가 다른 사람과 접촉할 때 취해야 하는 모습을 말하기도 한다. 하지만 안타깝게도 대다수 사람은 스스로를 먼지에 가라앉도록 내버려 둘뿐 꽃을 피우지는 못하고 있다.

다른 사람의 비위를 맞추느라 자신의 기분을 희생하다

가족치료의 대가인 버지니아 사티어Virginia Satir는 한 사람이 젊은 시절 다른 사람과 협동한 경험은 이후 스트레스에 직면하는 습관을 형성한다고 말했다. 그는 이런 서로 다른 대응 방식을 네 가지 생존 자세로 요약했다.

앞서 우리가 본 사례가 대표적인 '비위를 맞추는' 경우이다. 비위를 맞추는 자세는 소위 말하는 아첨과 달리, 자기 생각이나 욕구는 항상 무시하거나 억누르고, 남에게 맞추려고만 노력하는 것을 말한다. 그의 세상에는 '타인'도 있고 '상황'도 있지만 유독 자기 자신은 홀대한다.

'질타'하고 '이성을 뛰어넘고', '말참견'하는 것에 대한 부분은 다른 책에서 다루었으니 여기서는 비위를 맞추는 자세에 대해 중점적으로 얘기해 보자.

습관적으로 비위를 맞추려는 태도를 가진 사람은 어렸을 때는 착한 아기이자 모범생으로 여겨진다. 어른이 되면 그는 친구들에게 인기가 많고 사람됨이 온화하고 착하며 포용적이어서 따지지 않고 잘 지내는 등 모두가 생각하는 '좋은 사람'이다.

일하다 보면 많은 사람이 더 많은 수입과 더 높은 자리에 오르기 위해 회사 리더의 비위를 맞추려고 한다. 그러나 우리가 지나치게 환심을 사려고 하면 오랜 기간 자신의 욕구를 희생하고 자신에 대한 자신감을 잃어버리게 마련이다. 왜냐하면 그 환심을 사는 것은 자기 자신을 희생하는 대가로 인간의 자존감을 부정하는 것이고 사람들에게 나는 중요하지 않다는 정보를 전하는 것이기 때문이다. 다른 사람의 비위를 맞추려고 할 때 사람들은 마음속으로 왕왕 이렇게 독백한다.

'나는 언급할 가치가 없고, 나는 사랑받을 가치가 없다.

나는 다른 사람의 기분을 상하게 할 수 없다.

모두 나의 잘못이다. (……).'

　사티어 여사는 과장된 몸짓으로 다른 사람에게 자신의 내면을 나타내도록 하기 위해 '조각Sculpting'이라는 방법을 독창적으로 만들었다. 한쪽 무릎을 꿇고 한 손은 위로 내밀고 다른 한 손은 가슴을 꽉 감싸는 자세가 비위를 맞추는 대표적인 자세다.

　이런 자세를 보면 아마 마음이 긴장되고 불편해질 것이다. 우리가 일상생활에서 무릎을 꿇고 남에게 부탁할 가능성은 적지만, 내면의 나는 이렇게 무릎을 꿇고 있는 모습이다. 이런 자세를 하면 첫째, 나는 다른 사람의 존중을 얻을 수 없고 심지어 다른 사람의

경멸이나 혐오를 불러올 수 있다. 둘째, 끊임없이 분노를 억누르다가 어느 순간 분노가 외부로 향하지 못할 때 자신을 향하게 되고 위장질환, 궤양, 설사, 변비, 구토 등에 걸리기 쉽다. 심하면 우울증에 빠지거나 자살을 하기도 한다.

눈앞에 있는 사람의 기분을 고려하다 더 많은 사람의 기분을 망칠 수 있다

만약 자신에게 이러한 패턴이 있다는 것을 알았다면 어떻게 해야 할까? 앞에서 사람과 사람의 관계에 세 가지 요소가 포함되어 있다고 말했다. '타인, 상황, 자신' 관계에서 이 셋 중 하나라도 빠져서는 안 된다. 이 세 가지의 요구와 정서를 동시에 고려하는 것을 사티어는 '일치성'이라고 불렀다.

남과 어울릴 때 타인과 상황이라는 두 가지 요인만 보고 자신을 홀대하는 것이 비위를 맞추는 모델이다. 그래서 '자신'을 본래 있어야 할 자리에 놓고, 동시에 늘 자신에게 외면당하는 자신의 욕구를 살펴보고 적절하게 표현할 수 있을 때 이 패턴에서 벗어날 수 있다. 그래야 타인도 좋고, 나도 좋고, 모두가 좋은 '일치성'의 전체적인 균형으로 향할 수 있다.

댄스팀 리허설 사건의 경우 무용단 인솔자가 동료의 리허설 요청을 거절했을 때 동료는 자신의 마음은 무시한 채 상대의 요구를 들어준 것이 전형적인 비위 맞추기다. 만약 당시에 그가 인솔자에게 용기 있게 이렇게 말했으면 어땠을까?

"저는 당신에게 오전 시간에 리허설을 할 수 없는 중요한 일이 있을 수 있다는 걸 압니다(상대방에 관한 관심). 다만 이 콘퍼런스는 1년에 한 번 있고 천여 명이 참가하는 중요한 행사입니다. 그래서 어떤 작은 실수도 우리 회사의 이미지에 영향을 줄 수 있습니다. 단장님이 저를 나무랄 수도 있고, 저도 회사 전체의 직원들을 볼 면목이 없게 됩니다(자신에 대한 관심). 그러니 당신의 일을 좀 조정해서 우리 쪽 리허설을 먼저 해 줄 수 있겠습니까(상황에 대한 관심 및 해결책 제시)?"

즉, 사람들과 어울릴 때 다른 사람의 요구와 감정을 배려하면서도 동시에 자신의 필요와 감정을 배려할 수 있고, 그때그때의 상황에 맞추는 것은 우리가 흔히 말하는 마음으로 움직이고 이성적으로 아는 것이다. 자신의 필요를 만족시킬 뿐만 아니라 타인 및 상황과도 평화롭게 함께하며 이렇게 효과적으로 소통한다면 누구의 미움도 살 일이 없지 않겠는가?

사티어는 인간은 유한한 생명력이 있다고 강조했다. 우리의 자아가 가치가 있는지, 우리가 인생의 의미를 느낄 수 있는지, 우리의 마음이 평온하고 조화롭고 즐거운지, 그 모든 것을 알고 또 느낄 수 있다. 남의 비위를 맞추려고 자신을 억누른다면 자신의 생명력의 대가를 치러야 한다.

비위를 맞추는 것은 단지 자신에게 표면적인 조화와 작은 이익을 줄 뿐이다. 눈앞의 사람에게 미움을 사는 것을 원하지 않다가 중요한 사람과 자기 자신에게서 미움을 살 수 있다.

✦

"눈앞의 사람만이 아니라
다른 이해 관계자도 볼 수 있도록 시야를 넓히고
시간의 초점을 현재에서 미래로 넓힐 때,
자연스럽게 상대방도 좋고, 나도 좋고,
모두가 좋은 대처 방법을 찾을 수 있다."

'사고'의 변화로
비로소
나로 살아가다

2장

만일 네가 모든 걸 잃었고 모두가 너를 비난할 때
너 자신이 머리를 똑바로 쳐들 수 있다면,
만일 모든 사람이 너를 의심할 때
너 자신은 스스로를 신뢰할 수 있다면,
만일 네가 기다릴 수 있고
또한 그 기다림에 지치지 않을 수 있다면,
거짓이 들리더라도 거짓과 타협하지 않으며
미움을 받더라도 그 미움에 지지 않을 수 있다면,
그러면서도 너무 선한 체하지 않고
너무 지혜로운 말들을 늘어놓지 않을 수 있다면,

만일 네가 꿈을 갖더라도
그 꿈의 노예가 되지 않을 수 있다면,
또한 네가 어떤 생각을 갖더라도
그 생각이 유일한 목표가 되지 않게 할 수 있다면,
그리고 만일 인생의 길에서 성공과 실패를 만나더라도,
그 두 가지를 똑같은 것으로 받아들일 수 있다면,
네가 말한 진실이 왜곡되어 바보들이 너를 욕하더라도
너 자신은 그것을 참고 들을 수 있다면,
그리고 만일 너의 전 생애를 바친 일이 무너지더라도
몸을 굽히고서 그걸 다시 일으켜 세울 수 있다면,

(……)

그리고 만일 네가 도저히 용서할 수 없는 1분간을
거리를 두고 바라보는 60초로 대신할 수 있다면,
그렇다면 세상은 너의 것이며
너는 비로소
한 사람의 어른이 되는 것이다.

-러디어드 키플링, 「만약에」

일을 오락처럼, 인생을 놀이처럼!

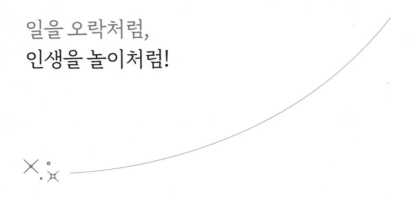

나에게 일이란 무엇인가?

당신은 언제 퇴직할 생각인가? 대부분의 사람과 마찬가지로 나도 일찍 퇴직하기를 바랐는데, 50세가 넘은 지금도 여전히 일하고 있다. 최근 자주 등장하는 용어로 '파이어족'이 있다. 경제적 자립을 통해 빠른 시기에 은퇴하려는 사람들을 뜻한다. 이들은 30대 말이나 늦어도 40대 초반까지는 조기은퇴를 하겠다는 목표로 극단적으로 소비를 줄인다.

사람들이 일찍 퇴직하기를 원하는 이유는, 일은 결코 즐거운 것이 아니며 가족 부양과 자신의 노후 보장을 위해 어쩔 수 없이 해야 하는 것이라는 인식이 강하기 때문이다. 사람들은 경제적 자유가 실현되면 일찍 은퇴하고 자신이 하고 싶은 일을 하기를 바란다. 그런데 그게 어디 쉬운 일인가? 그래서 대다수 사람은 원치 않는 일을 해야 하고, 일할수록 기쁨이 사라진다.

그런데 몇몇 사람들은 경제적 자유를 일찌감치 실현해 일을 하지 않아도 되지만 여전히 일을 하고 있다. 지인 중에 70대 중반의 수지 스미스라는 노부인이 있다. 그녀는 해마다 먼 미국에서 중국으로 건너와 강의를 한다. 그녀를 볼 때마다 점점 더 즐겁고 활력이 넘침이 느껴진다. 수지 스미스 씨는 어떻게 일을 즐길 뿐만 아니라 나이를 먹을수록 더 즐거워할까?

20년 전 유학을 하던 중에 조에라는 대만인 베테랑 가이드를 대동하고 여행을 간 적이 있었다. 그때 조에는 이미 육십이 넘었는데도 세계 이곳저곳을 돌아다녔다. 그래서 나는 그가 생계를 유지하기 위해 어쩔 수 없이 일하는 줄 알았다. 그런데 그가 뜻밖에도 고급 외제차를 타고 큰 저택에 사는 부자라는 것을 알게 되었다. 그래서 나는 궁금증을 참지 못하고 그에게 물어보았다.

"조에, 당신은 왜 집에서 인생을 즐기지 않고 이처럼 동분서주하며 고생합니까?"

그러자 그는 싱글벙글 웃으며 대답했다.

"내가 힘들다고 생각되는가? 전혀 그렇지 않다네. 고객들이 돈을 주며 여기저기 놀러 오라고 하는데 얼마나 재밌는가? 나는 이게 '일'이라고 생각하지 않네."

그는 하루 종일 즐거워했으며 장난꾸러기여서 큰일 앞에서도 대수롭지 않게 행동했다. 나는 그가 정말로 일을 놀이로 즐기고 있다는 생각이 들었다. 그와 정반대로 당시에 나는 세계 일주를 하며 온종일 놀았지만 늘 피곤했다. 당시 나에게 여행은 그저 일에 불과했기 때문이다. 조에 씨처럼 일을 놀이로 여기지 못한 것이다.

꽃을 보고 풍경을 감상해도 목표에 도달할 수 있다

대부분의 사람은 일에 시달리며 고달프게 지내는 반면, 왜 어떤 사람들은 일을 놀이로 여길 수 있을까?

어느 해 뉴욕 센트럴파크에 갔다가 그곳의 경치에 반해 버렸다. 그날 공원에서는 공교롭게도 마라톤 경기가 진행되고 있었다. 코스 양쪽에 꽃이 만발한 것을 보고 나는 갑자기 달리고 싶은 충동을 느꼈다. 다음 날 아침, 생애 처음으로 10킬로미터 마라톤 경기에 참가했다. 센트럴파크는 벚꽃, 해당화, 목련이 만발하여 코스가 무척 아름다웠다. 나는 달리기를 하다가 자꾸 멈춰서 사진도

찍고 꽃구경도 했다. 그래도 1시간 16분 만에 완주했다. 달리기만 한 게 아니라 중간중간 딴짓도 하며 얻은 성적이라 더 기분이 좋았다. 이틀을 쉰 다음 다시 한번 마라톤에 도전했는데 이번엔 꽃구경도 하지 않고 달리기에만 전념했다. 그런데 신기하게도 두 차례 달리기 완주 시간은 그리 차이가 많이 나지 않았다.

10여 년 전 TA(커뮤니케이션 분석) 수업을 받았을 때 선생님께서 하신 말씀이 떠오른다.

"어른의 모습으로 살지만, 마음엔 목표만 가득할 뿐 어린이의 활달함도 부모의 사랑도 없이 사는 게 재미있나요?"

그의 말은 나를 망치처럼 두들겨 할 말을 잃게 했다. 그때의 나는 목표를 중시하며 마음엔 일에 관한 생각으로 가득했고, 매사에 냉정하고 무척이나 이성적이었다. 늘 효율을 따지며 그렇게 일하는 자신에게 자부심을 느껴왔지만, 그사이 인생의 많은 부분을 어느새 잃어버렸음을 깨달았다.

나는 무엇을 잃었는가? 여기서 먼저 미국 심리학자 본의 이론을 살펴보자. 본은 인간의 내면을 다섯 가지로 나누었다.

1. 사랑이 가득한 부모: 천성적으로 다른 사람을 사랑하고 지지하며 타인에게 긍정적이다.

2. 비판적인 부모: 비판하고 비하하며 금지하고 처벌하고 통제하게 한다.

3. 어른: '어른인 나'의 상태는 비교적 이성적이고 객관적이고 감정적이지 않으며 현실을 바탕으로 산다. 그리고 논리적으로 사고하고 성숙한 태도로 타인을 대한다.

4. 말 잘 듣는 아이: 열등감이 있고 연약해서 남에게 순종하기 쉬우며, 유치하고 유약하며 도움이 필요해 보인다. 타인의 기대에 부응하려고 애쓴다.

5. 자유로운 아이: 아이처럼 천진하고 발랄하며 즐겁고 편안하다.

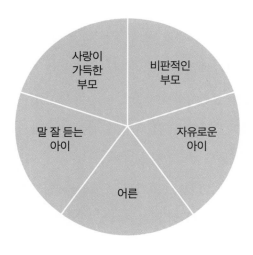

인간 내면의 구성

본은 한 사람의 내면은 일반적으로 위와 같은 다섯 가지 부분을 동시에 갖고 있지만, 사람마다 성장 배경이 달라서 어떤 부분은 성장하면서 강화되고 어떤 부분은 억압된다고 말한다. 나는 사는 것이 쉽지 않았기 때문에 나의 '어른' 부분은 일찌감치 강화됐고, 동시에 나의 자유로운 아이 부분은 삶의 압박에 눌려서 인생의 일부분만 살았다. 인생에서 누렸어야 할 많은 즐거움을 놓쳤던 삶이었다.

과거의 나는 즐거움이 중요한 일을 그르칠 수 있다고 생각했다. 하지만 조에를 보면서 알게 됐다. 자신이 즐거워야 다른 사람에게 즐거움을 줄 수 있다는 것. 그는 언제나 즐거운 마음 상태여서 일을 즐겁게 잘 유지할 수 있었다. 그리고 그 때문에 유명한 가이드가 되어 몇 배의 수입도 얻을 수 있었다.

달리기를 하면서 꽃구경을 하는 것은 목표에 전혀 영향을 주지 않는다는 TA 선생님의 가르침을 실감했다. 아름다운 경치를 감상하는 것은 내가 가는 길을 더 즐겁게 했고, 결국에는 과정과 결과를 모두 즐겁게 했다. 내가 목표에만 몰두할 때 주변의 풍경은 무시됐고, 갈수록 힘들어지고, 힘들어할수록 일이 싫어져 빨리 쉬기만을 바라게 됐다. 그러니 어떻게 일이 즐거울 수 있겠는가.

진짜 축하할 수 있는 사람이 줄어들고 있다

즐거운 인생이란 '일할 때 즐겁다는 것'을 의미한다. 왜냐하면 우리 인생의 3분의 1을 차지하는 것이 일이기 때문이다. 일하는 것이 즐겁지 않으면 인생의 3분의 1을 헛살게 되는 것이다.

어떻게 해야 즐겁게 일하고 일하는 것을 누릴 수 있을까? 내가 달리기에서 얻은 교훈에서 힌트를 찾을 수 있다. 달리기가 단지 달리기만을 위한 것이라면 당연히 지루해질 수 있다. 마찬가지로 일이 단지 일만을 위해서라면, 일하는 게 얼마나 무미건조할까. 조에가 은퇴할 나이에도 일을 하는 이유는 일하면서 재미를 찾았기 때문이다.

일에서 재미를 찾는 방법은 여러 가지가 있다. 그중 하나가 '축하'하는 것이다. 인류는 언어가 생기기 전부터 축하라는 방식으로 생명에 대한 고마움을 표시했다. 부족 사회에서는 불더미 옆에서 춤을 추거나 노래로 축하를 전했다. 그리고 후대엔 명절을 만들어서 한 해 농사를 짓고 풍작한 것을 축하하고, 감사한 마음을 표하며 함께 행복의 기쁨을 나눴다.

그러나 지금은 축하할 줄 아는 사람이 갈수록 줄어들고 있다. 왜 그럴까? 첫째는 사람들이 항상 부정적인 일에 초점을 맞추고,

비난과 의문을 품는 것에 익숙하며, 일이 잘 안 풀리는 쪽을 보기 때문이다. 그리고 자신과 온 세상이 다 부족하다고만 생각하는데 어떻게 축하할 기분이 들겠는가?

둘째는 우리의 관념이 과거에 머물러 있고, 과거의 관념으로 사람과 일을 판단하며 세상을 보는 방식이 굳어져 있기 때문이다. 고착화된 세상을 앞에 두고 딱히 축하할 것이 뭐가 있겠는가?

아이들이 항상 즐거워하는 것은 아이들의 눈에는 마주치는 모든 일이 새롭고 신선해 보이기 때문이다. 새로운 사람과의 관계나 일은 우리를 즐겁게 하고 안에서 밖으로 기쁨을 느끼게 하며, 자연스럽게 춤추게 한다. 나는 이것도 옛사람들이 경축하기를 좋아했던 이유라고 생각한다. 현대인의 세리머니는 흥겨운 자리를 빌려 쓸쓸한 마음을 감추는 것에 불과하다. 즐거움을 느낀다고 해도 그저 감각적인 자극을 통해 얻는 짧은 즐거움이어서 공허함만 남을 뿐이다.

잠시 멈추면 보이는 것들

마음에서 우러나오는 즐거움만이 진짜 축하할 만한 것이다. 즐거움은 '성취'와 '성장'에서 나온다. 만약 자신의 삶이 정체되어 있다면 즐거움을 느낄 수 없다. 늘 자신의 부족한 부분과 단점만을 바라보고, 자신은 물론 주변 사람들과 일, 심지어 세상을 상대로 늘 비판하고 의문을 품는다면 기쁨을 느끼기 어렵다. 이것은 아마도 많은 현대인이 나이를 먹을수록, 살아갈수록 즐겁지 않은 이유일 것이다.

우리 모두는 불완전하다. 자신의 불완전한 부분을 받아들이고, 내재되어 있는 자유로운 아이를 풀어 주고, 느끼고, 변화하고, 성장시켜야만 인생을 즐기고 즐겁게 일할 수 있다. 그러면 어떻게 변할 수 있을까? 다음과 같은 방법을 시도해 보자.

1. 의식적으로 자신이 무엇을 얻을 수 있는가에 초점을 맞춘다. 모든 일은 장단점이 있게 마련이다. 비록 매우 나빠 보이는 일일지라도 원한다면 그 안에서도 수확을 얻을 수 있고 배울 것이 있다. 배우고 성장하는 것은 인생 최고의 수확이다. 언제 어디서나 배울 게 있다고 생각한다면 아이처럼 기뻐할 수 있다.

2. 의식적으로 자신의 삶을 위한 축하 이벤트를 기획하고 재미있고 흥미로운 방식으로 작업해 보자. 마치 내가 처음 센트럴파크를 달리기 시작했던 것처럼 목표를 향해 열심히 달리다가도 멈춰서서 꽃을 구경하는 것을 잊지 마라. 가끔씩 걸음을 멈추고 아름다운 경치를 감상하며 기쁨과 평안을 느낄 수 있을 만큼 인생은 충분히 길다. 그렇게 해도 인생의

목표를 이루는 데 지장이 없다.

사회심리학자 프레드 브라이언트Fred B. Bryant는 축하하는 것이
바쁜 일상을 잠시 멈추게 하고 오감五感의 문을 열어 심신을 건강
하게 한다고 말했다. 잠시 멈춰서 기쁨을 음미하다 보면 스트레스
가 쌓일 겨를이 없다. 작은 축하도 우리가 살아가는 데 자양분이
된다. 항상 긍정적인 생각을 하면 일상의 스트레스에 더 쉽게 대
처할 수 있다.

축하하는 것을 배우려면 반드시 우리 안에 있는 자유로운 아
이를 풀어 줘야 한다. 아이들은 어떻게 모두의 주의를 끌 수 있을
까? 역동적이기 때문이다. 우리의 내면에 있는 자유로운 아이를
풀어 주면 활력이 샘솟는다. 물론 내면의 자유로운 아이를 풀어
주는 것은 절대 쉬운 일이 아니다. 그렇기에 끊임없이 자신의 내
면에 있는 빈곤함을 치유해야 한다. 심리학을 공부하는 것은 바로
자신을 구하는 치유책이다. 이 길을 20년 넘게 걸어왔지만, 아직
걸어갈 길이 남아 있고 나는 앞으로 계속 걸어갈 것이다.

내적 빈곤은 우리의 미래를 불안하게 만들고, 불안은 생존에 초
점을 맞추게 해 제대로 된 인생을 잃어버리게 한다. 반대로 축하
는 스스로의 인생에게 주는 포상이자 삶의 에너지에 대한 보상이
다. 축하에 익숙해지면 더는 언제 퇴직할까 하는 것은 문제가 되

지 않는다.

　이제 인생 곳곳에 즐거움이 가득하기 때문이다.

✦

"목표를 향해 열심히 달리다가도
멈춰서서 꽃을 구경하는 것을 잊지 마라.
가끔씩 걸음을 멈추고 아름다운 경치를 감상하며
기쁨과 평안을 느낄 수 있을 만큼 인생은 충분히 길다."

도돌이표 같은 행복이
꼬리를 무는 인생

끝없는 악순환에 빠진 인생

설 연휴에는 대다수가 먹고 마시며 명절을 보낸다. 나도 예외가 아니다. 매년 설 연휴에는 많은 식사 약속이 잡힌다. 친척 모임, 동창 모임에 몇 년 동안 만나지 못했던 오랜 친구들도 만난다. 그런 만남을 가져보면, 서로 이야기하며 즐거워하는 사람도 있고, 술을 마시면서 괴로움을 토로하는 사람들도 있다. 나는 술을 즐기지 않고, 술에 잘 취하지도 않아서 술자리에서는 계속 깨어 있는 편이다. 그래서 사람들이 술기운을 빌려 이야기하는 고통의 이면을 들여다볼 수 있는 시간이 되곤 한다. 그들은 악순환이나 매듭이 하나씩 있어 때론 죽음의 소용돌이에 빠져 헤어나오지 못할 때도 있다.

어떤 사람은 돈 때문에 고민한다. 돈이 없으니 돈 쓸 엄두를 못 내고 돈 쓸 엄두를 못 내니 시야가 점점 좁아지고, 기회가 줄어드니 돈을 더 못 벌고 그래서 더 절약할 수밖에 없다. 또 다른 이는 자녀가 말을 듣지 않아 온갖 방법으로 자녀를 통제한다. 어떤 아이가 통제당하는 것을 좋아하겠는가. 아이는 더욱 반항적으로 변해 간다. 부부 문제로 고민하기도 한다. 부부 사이에 갈등이 있을 때 서로 상대방 탓이라며 바꾸려고 들지만 아무도 자신을 바꾸고 싶어 하지 않는다. 상대방을 변화시키려 하면 할수록, 상대와 더욱 대립하게 된다.

취중 고백들을 들으면서 나는 "행복한 가정은 다 비슷비슷하지만, 불행한 가정은 제각기 불행이 있다."라는 레프 톨스토이Lev Tolstoy의 말이 떠올랐다. 하지만 나는 그들 각자의 불행 속에서 경이로운 '유사성'을 발견했다. 그들의 고민은 수렁에 빠져 허우적거릴수록 더 깊이 빠져드는 악순환에 있다는 것이다.

대문호 발자크Honore de Balzac는 이렇게 말했다.

"힘들다. 여행을 떠나고 싶다. 여행만이 나를 편하게 해 준다. 그런데 여행을 가려면 돈이 필요하다. 돈을 벌려면 일을 해야 하고, 일에 몰입하면 시간이 없어 계속 여행을 못 가게 된다. 나는 도망치거나 자유로울 수 없는 악순환에 빠져 있다."

발자크와 지금의 우리는 같은 어려움을 겪고 있는 것 같다. 여행할 때는 일 걱정에서 벗어나지 못하고, 일할 때는 여행의 환상에 빠진다. 여행, 돈, 일 이 세 가지는 하나의 순환으로 연결되어 있고, 우리는 이 울타리 안에서 이미 녹초가 되어 있다.

인생의 많은 고난에는 반드시 이런 악순환이 있다. 이 죽음의 소용돌이 앞에서 어떻게 해야 할까? 순환에서 벗어나려면 반드시 어떤 순환에 빠져 있는지 먼저 살펴보아야 한다.

발자크의 고민은 여행을 가고 싶지만, 여행 경비가 필요해서 돈을 벌기로 결심하고 더 열심히 일하게 되고, 그 결과 여행을 갈 시간이 없어지고, 더 피곤해지는 것이다. 결과적으로 모든 것이 원점으로 돌아가 끊임없이 악순환이 되풀이된다.

여기에는 '고난, 결정, 행동, 결과'의 네 가지 요소로 구성된 순

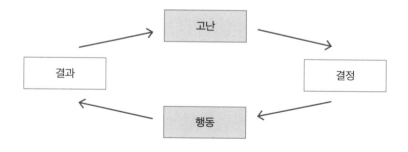

환이 숨어 있다. 마치 무형의 밧줄이 네 요소를 엮어 놓은 것처럼 어느새 조용히 연결되고, 제 꼬리를 물고 늘어지는 꼬리물기처럼 꼬리를 자르지 못하는 순환이 만들어진다.

앞서 언급한 경제적인 여유가 없다는 고민을 예로 들면, 그의 어려움은 돈이 없다는 것이고 그래서 돈을 적게 썼는데, 그 결과 시야가 점점 좁아지고 기회가 적어졌다. 이것이 지속되어 돈을 더 못 벌게 되고, 그래서 돈을 더 아낄 수밖에 없는 상황에 처하게 되는 것이다.

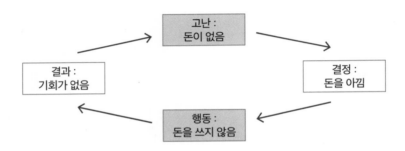

부부관계도 마찬가지다. 갈등이 생기면 한쪽은 상대방을 변화시키고 통제, 간섭, 설교를 하려고 든다. 그러나 이 세상에 누가 다른 사람에 의해 변하고 싶어 하겠는가. 결국 다툼이 잦아지고 심지어 가정폭력이 일어나기도 한다. 그래서 관계는 다시 원점으로 돌아가고 그렇게 부부간의 갈등은 더 깊어진다.

부모와 자식 간의 교육도 예외가 아니다. 아이가 자라면서 자기 주관이 생기기 시작하면 부모의 눈높이에 맞지 않는 관점이나 행동을 하는 문제가 발생한다. 이때 부모는 아이를 통제해서 자신이 원하는 대로 아이가 행동하면 좋겠다고 쉽게 결정을 내리는 것이다. 그 결과 아이는 더 반항적이 되거나 부모에게 마음의 문을 닫게 되고 문제가 해결되기는커녕 더 심각해진다.

우리는 문제를 해결하기 위해 '결정'을 내려야 하고, 그 결정에 따라 '움직여야' 하며, 그 행동이 가져온 '결과'에 의해 다시 '순환'을 반복한다. 이런 순환 속에서 시스템이 한 번 형성되면 저절로 '강화'되기 시작해 결국엔 악순환의 소용돌이로 발전한다. 이 사이클을 깨지 못하면 우리는 반복되는 트랙에서 수없이 많은 실패를 이어갈 것이다.

악순환의 고리에서 빠져나오는 방법

이런 순환에 갇히게 되면 빠져나올 방법이 없는 것일까? 악순환을 뚫으려면 악순환 뒤에 어떤 가설과 신념이 있는지 먼저 파악해야 한다. 앞에서 살펴본 돈이 없어서 고민하는 것을 예로 들면 '돈이 없다-돈을 아낀다-돈을 안 쓴다-기회가 없어진다-돈이 더 없어진다'라는 순환의 뒤에는 '돈은 아끼면 생긴다'는 가설이 있다. 그 가설을 살펴보면 그 결과는 '돈이 더 없어진다'라는 것을 알 수 있다. 다음 그림을 참고해 보자.

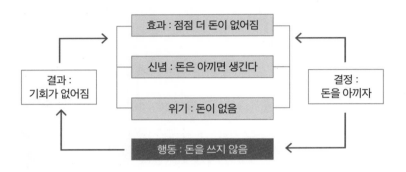

이 모든 것을 또렷하게 분별할 수 있다면 스스로를 곤경에 빠뜨리는 신념을 고수하지 않게 될 것이다. 아마도 신념을 바꾸고, 다른 삶을 살 수 있을 것이다. 돈에 대한 신념을 '돈은 자신의 능력으로 버는 것'으로 바꿔 보자.

자신의 '능력을 향상'시키게 되고, 행동은 '배움과 성장'으로 나타나고, 그 결과 자연히 '능력이 향상'되고, 그 효과는 '갈수록 돈을 많이 버는 것'이 된다. 그리고 그 결과 '돈은 능력으로 버는 것'이라는 신념이 더욱 강화되어 악순환이 선순환으로 변한다.

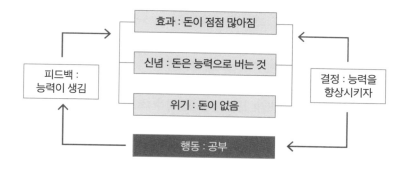

부부 갈등도 살펴보자. 부부간에 갈등이 발생하기만 하면 바로 '부부 갈등-상대방을 바꾸려 함-간섭과 통제-말싸움-갈등 심화'라는 악순환에 빠진다. 이 악순환의 배후에는 갈등이 일어난 책임은 모두 상대방에게 있다는 가설이 있다. 그런데 정말 그런가?

'손바닥도 마주쳐야 소리가 난다'는 속담이 있듯이 부부 갈등은 반드시 쌍방 모두에게 책임이 있다. 하지만 왜 우리는 항상 상대방을 변화시키려 하고 자신의 문제는 반성하지 않는가? 생각을 바꿔 부부관계를 스스로 개선해 나간다면 악순환은 곧 밝고 힘찬 선순환으로 바뀔 것이다.

'어려움(부부갈등)-결정(자신 개선)-행동(관찰, 반성, 책임감)-결과 (대인관계 능력 향상, 부부간의 애정)'가 될 것이다. 자녀교육에서 마주하는 위기를 해결하는 방법 또한 마찬가지다. 이제 스스로 반복

된 악순환 뒤에 있는 가설을 발견하고 그것을 되돌릴 방법을 찾아보자.

한번 선순환이 일어나면 인생은 갈수록 나아진다

일상에서 무력감을 느낀다면, 악순환에 빠져 있을 가능성이 크다. 이때 우리가 해야 할 일은 술 한잔하고 알코올로 자신을 마비시키는 것이 아니라, 오히려 자신을 각성하고 어려움에서 빠져나와 '생각'을 하는 것이다. 악순환 뒤에 숨어 있는 잘못된 가설이나 신념은 무엇이고 그것이 가져올 결과는 무엇일지, 자신이 원하는 효과는 무엇인지 생각해 본다. 그때 비로소 깨달을 것이다. 자신이 견지해 온 생각과 도달하고 싶은 효과에서 점점 멀어지고 있음을, 자신의 인생이 끝도 없이 돌아가는 나선처럼 빠져나올 수 없는 위기에 빠져 있다는 것을 말이다.

인생은 항상 마이너스나 플러스로 순환한다. 마이너스냐 플러스냐는 전적으로 순환의 뒤에 있는 신념과 가설에 달려 있다. 악순환을 돌파하는 키는 악순환 뒤에 있는 가설을 잘 찾아내고, 자신이 달성해야 할 인생의 목표를 생각해 보는 것이다. 자신이 세운 어처구니없는 가설을 알아보고 자신의 신념을 바꾸고 새로운 삶의 목표를 위해 끊임없이 노력하고 성장한다면 인생은 자신이 원하는 모습으로 향하게 될 것이다.

　생각만 바꿔도 이전의 악순환은 한순간에 삶을 행복하게 하는 성장엔진으로 바뀌어 새로운 인생을 살도록 한다. 선순환이 일단 시작되면, 인생은 반드시 갈수록 좋아지기 때문이다.

✦

"인생은 항상 마이너스나 플러스로 순환한다.
마이너스냐, 플러스냐는
전적으로 순환의 뒤에 있는 '신념'과 '가설'에 달려 있다."

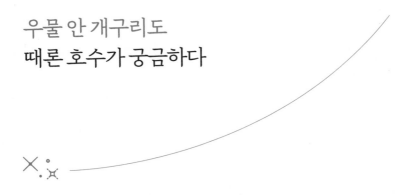

우물 안 개구리도
때론 호수가 궁금하다

안전감만 좇다 보면 오히려 가능성이 줄어든다

『장자莊子』의 「추수편」편에 '우물 안 개구리' 이야기가 나온다. 우물 안에 있는 개구리가 우물의 입구만큼의 하늘만 볼 수 있을 뿐인데도 모든 세상을 다 가졌다고 생각한다는 뜻으로, 사람의 시야가 매우 좁다는 것을 비유할 때 많이 쓰인다.

사실 인간은 개구리와 같이 안전지대에 머무르길 원한다. 미지의 세계가 주는 불안감은 우리의 에너지를 너무 많이 소모시키고, 오직 생존에만 초점을 맞추게 해서 어떻게 잘 살아야 할지를 잊게 만들기 때문이다. 하지만 안전만 추구한다고 해서 반드시 안전이 보장되는 것은 아니다. 안전을 지나치게 추구하면 오히려 자신의 인생에 멍에를 씌워 여러 가능성을 줄일 수 있다. 변덕스러운 세상과 예상하지 못한 인생의 변수들은 우리의 삶을 불안과 두려움으로 가득 채운다.

그런데 우리는 게임을 하거나 드라마를 볼 때는 변수가 있거나 알 수 없는 미래를 더 좋아한다. 게임에서 다음 관문으로 넘어가려 할 때 어떤 일이 벌어질지 알 수 없어 승부욕은 극대화되고, 알 수 없는 변수와 상호 작용하며 좌절감과 성취감을 느끼는데 이것이 우리를 즐겁게 한다. 눈이 충혈되면서도 계속 게임을 하는 것은 다음 관문에서 또 어떤 도전이 우리를 기다리고 있을지 모르기 때문이다. 우리의 인생도 마찬가지다. 미래에 어떤 일이 벌어질지 안다면 흥미가 크게 떨어질 것이다. 그런데도 우리는 자신의 운명을 미리 알지 못하는 것을 안타까워한다.

확실성에 집착하다 보면 스스로 '감옥'을 만든다

'안전감'에 대한 욕구 때문에 사람은 '통제력'을 추구하게 된다. 스스로 통제할 수 있어야 안전감과 편안함을 느끼기 때문이다. 예를 들어 집에 돌아오면 마음이 편안해진다. 방 구석구석에 무엇이 놓여 있는지 잘 알기 때문이다. 자신에게 아주 익숙한 환경에서 사람은 매우 안전하다고 느낀다. 환경이 낯설수록 불확실성도 올라간다. 그리하여 대부분의 사람은 자신이 잘 아는 쾌적한 곳에서 내면의 안녕과 쉼을 위해 머무르길 원한다.

우리는 통제 가능한 생활환경을 추구할 뿐 아니라 대인관계에서도 스스로 안전감을 충분히 갖기 위해 SNS 팔로워를 자신과 친숙한 대인관계로 한정하기도 한다. 자신의 내면을 열고 낯선 사람들과 접촉하는 것을 꺼리는 것이다. 이는 겉으로는 싫어하는 것이지만, 깊이 따져보면 사실 엄두가 나지 않아서 그런 것일 수도 있다. 생활환경도 그렇고 인간관계도 그렇고 우리가 하는 일도 그렇다. 혁신이나 도전에 직면했을 때, 대부분은 가장 안전한 길을 선택하고 잘 아는 것만 하려고 한다. 비록 성취감은 덜하더라도 크게 좋아하지 않더라도 단지 안전하고 통제할 수 있다고 느끼기 때문이다.

우리는 늘 익숙한 범주에 있으려 하고, 친한 사람을 만나려 하고, 자신에게 익숙한 일을 하면서 안전함을 느끼며 통제할 수 있음에 다행스러워한다. 다만 그러는 사이 부지불식간에 우리가 장악하는 범주는 천천히 줄어든다. 왜냐하면 자신의 인생 곳곳에 '한계'를 설정해 두었기 때문이다. 이것이 바로 자신의 세상이 갈수록 좁아지는 중요한 이유이다.

그러나 우리 주변에는 다르게 사는 몇몇 사람들이 있기 마련이다. 그들은 세계를 돌아다니고, 친구를 사귀고, 미지와 도전을 두려워하지 않는다. 그렇게 살다 보면 인생은 점점 더 멋져지고, 사업도 점점 더 커진다. 그들의 능력이 뛰어나서라고 생각하기 쉽지만, 사실 그들은 단지 조금 더 미지의 세계를 접할 용기를 가졌을 뿐이다.

어떻게 해야 자신이 스스로 정한 속박의 감옥에서 걸어나올 수 있을까? 인생은 연극과 같다는 말처럼 인생은 어쩌면 한 편의 영화나 게임처럼 스펙터클한 일들로 가득할지 모른다. 이 게임의 모든 것이 '확실'하기를 원하는가, 아니면 그것이 '변화와 미지'로 가득하기를 원하는가? 어떤 게 더 기대되고 놀라울까? 대다수 사람은 후자라고 답한다. 즐기는 마음으로 인생을 살아갈 때 인생 여정은 더 재미있고 흥미로워지고 놀라움으로 가득할 것이다.

인생은 무한한 가능성으로 가득 차 있다. 일시적 안정을 위해 스스로에게 보이지 않는 장애물을 설치하지는 말아야 한다. 스스로를 우리 안의 야수처럼 자유롭지 못하게 해서는 안 된다. 안정감 때문에 더 아름다운 삶을 탐구할 수 있는 가능성을 포기해서도 안 된다. 물론 우물에 앉아 하늘을 보며 기뻐한다면 그곳에 머무는 것도 나쁘지 않다. 다만 자신의 세계가 너무 작다고 불평하지만 않으면 된다.

✦

"그들은 세계를 돌아다니고, 친구를 사귀고,
미지와 도전을 두려워하지 않는다.
그렇게 살다 보면
인생은 점점 더 멋져지고, 사업도 점점 더 커진다.
그들의 능력이 뛰어나서라고 생각하기 쉽지만,
사실 그들은 단지 조금 더 '미지'의 세계를 접할
'용기'를 가졌을 뿐이다."

목표 없는 당신에겐
순풍도 역풍

바라는 바를 이루어도 만족하지 못하는 이유

설날에 주고받는 덕담 중에 "소망하는 모든 것들이 다 이루어지길 기원드립니다."라는 말이 있다. 대부분은 새해에 소원을 말하곤 한다. 한 해를 시작하는 날에 소원을 빌면 꼭 이루어지리라 생각하기 때문이다. 그런데 마음이 바라는 대로 이루어지는 것이 정말 좋은 일일까?

나는 최근 몇 년 동안 새해 소원을 빌어 왔는데, 연초에 빌었던 소원을 이룬 친구들에게는 작은 선물을 증정해 왔다. 인터넷에 게재한 소원성취 이벤트 창에는 소원을 이루고 기뻐하는 사람도 있고, 소원을 이루지 못해 실망하는 사람도 있고, 소원을 이루고 상실감을 느끼는 사람도 있었다. 소원을 이루었는데 웬 상실감? 하겠지만, 일부 사람들은 소원을 이루고 나서야 그것이 원래 자신이 진정으로 원했던 것이 아니었음을 깨닫기도 하는 것이다.

예를 들면 어떤 사람은 새해 소원이 결혼이었는데 결혼 뒤에 결혼생활이 행복하지 않다거나, 어떤 사람은 돈을 많이 벌고 싶었는데 연말에 가보면 돈은 많이 벌었는데 집값이 더 많이 올랐다거나, 어떤 사람은 창업을 해서 사장이 되고 싶었는데 사장이 되고 보니 오히려 하루가 더 팍팍해졌다든가, 하는 것이다. 물론 새해 소망이 이루어지면 기쁨이 넘치고 깜짝 놀라기도 한다. 한 회원은 올해 승진해 기술직에서 관리직으로 자리를 옮겼다며 '심리학을 공부해 관리 경영 수준을 높이고 싶다'는 글을 올렸다. 그리고 그는 정말 심리학을 공부했고 이후 회사일이나 부부 문제, 자녀 문제 등이 수월해졌으며 가정이 더 따뜻하고 화목해졌다고 했다.

모두가 열심히 노력해 소원을 이루었는데 왜 누군가는 상실감을, 누군가는 만족감을 느낄까? 만약 실제로 신이 나타나서 새해 소원 한 가지를 들어줄 수 있다고 말한다면, 무슨 소원을 빌까? 다음 내용에서 바라는 대로 될 법한 아름다운 소원을 비는 방법을 이야기해 보자.

내가 진정 원하는 것이 아닐 수도 있다

젊었을 적 막일을 다녔을 때 나는 공장 옆 낡은 기숙사에서 살았다. 벽을 한번 툭 치면 흙이 주르륵 떨어지기 일쑤였다. 내가 살던 곳의 멀지 않은 곳에는 2층짜리 건물이 있었는데 총 건축 면적이 100제곱미터를 넘지 않았다. 당시에 나는 내 평생에 이런 건물 한 채만 있다면 인생이 헛되지 않을 거라고 생각했다. 하지만 다행히 하늘은 내가 원하는 것을 이루어주지 않았다. 만약 내가 그 공장 일을 떠나지 않았다면 지금의 나는 아마 그 소원하던 그 건물에 살고 있을지도 모를 일이다. 인생의 목표가 100제곱미터 남짓한 작은 건물에 집중되어 있었다면 말이다.

누구나 마음속에 품고 있는 바람은 현재의 자신의 환경과 사고 구조에 영향을 받는다. 만약 걸인에게 지금 당장 원하는 걸 해결해주겠다고 하면 그는 인파가 많아 돈을 많이 구걸할 수 있고, 비바람도 막아낼 수 있는 육교 밑을 차지하고 싶다고 말할지도 모른다. 그의 바람이 해결된다면 생활은 좀 나아질 테지만, 아무리 상황이 좋아져도 그는 여전히 걸인일 것이고, 사고의 한계를 벗어나지 못할 것이다.

우리 대부분은 우물 안 개구리처럼 지금 자신의 눈에 보이는 세상이 전부인 줄 알고, 자신이 앞으로 살아갈 삶이 최고의 삶이라고 생각한다. 그래서 우리 대부분이 비는 소원은 실상 걸인의 소원과 별 차이 없이 현재의 습관이나 사고에 의해 제한받는다. 그렇기에 '현재 시야로 보이는 범주'에서 '마음이 바라는 것을 이루어지기를' 바라는 것은 의미가 없다. 우리의 시야가 그저 그때 세운 목표로 한정되어 있기 때문이다.

살다 보면 우리는 평생 하나의 목표를 위해 분투한다. 어느 날 그 목표에 도달하게 되지만 그럼에도 별로 재미가 없다는 것을 깨닫는다. 집을 사고 싶어 했는데 막상 사서 들어가니 은행에 빚을 지고 사는 것 말고는 인생에 큰 변화가 없는 것 같다. 게다가 소원을 이루기 위해선 시간과 에너지가 많이 소모된다. 그렇기에 자신이 진정으로 원하는 것이 무엇인지 생각해 보는 시간을 갖는 것이 필요하다.

때론 우리가 동경하고 좇는 것이 꼭 자신이 진정으로 좋아하는 것은 아니다. 그렇다면 내 소원을 어떻게 설정해야 할까? 마음이 바라는 대로 이루어져 축복해 줄 만한 소원은 무엇일까?

내 강의 중에는 목표 설정을 돕는 강의가 있다. 대부분 수강생이 설정한 목표는 돈을 많이 벌고, 큰 집에 살고, 외제차를 운전하고, 큰 사업을 하든지 아니면 세계여행을 하거나, 좋은 아내 혹은 남편을 만나거나, 일은 조금 하면서 돈은 많이 벌 수 있는 직장을 찾는 것이다.

나열한 목표를 보면 모두 '일'에 초점이 맞춰져 있다. '사람'이나 자신의 성장에 맞춰진 경우는 극히 드물다는 사실을 발견했을 것이다. 모든 일은 '사람'의 기초 위에서 이루어지는 것임을 발견하는 사람도 적을 것이다. 일은 사람에 의해 진행된다!

진정한 목표는 자신의 성장에 있다

목표는 우리가 머릿속에서 설정한 미래이자 상상할 수 있는 최고의 미래 청사진이다. 그러나 사실 각자의 우물 안에서 살고 있기에 우리가 상상할 수 있는 미래는 영원히 현재의 틀과 시각에 갇혀 있을 뿐이다. 현재 우리의 미래에 대한 기대와 구상들은 솔직히 상상하는 데 한계가 있다. 자기 자신도 모르고, 자신의 맹점이나 잠재력도 모르기 때문에 설정한 목표는 쉽게 일종의 한계가 되고 만다. 그렇다면 왜 누군가의 목표 달성은 일련의 기쁨을 가져오는 것일까?

앞에서 이야기한 회원의 목표를 살펴보자. 그는 자신의 관리 능력을 끌어올리는 것이 목표였다. 그는 그러기 위해 심리학을 공부했다. 그는 일에 초점을 맞추기보다 '사람'에 초점을 맞추고 있다. 성장하고 능력을 향상시킬수록 시각이나 마음이 넓어진다. 그리하여 자신과 관련된 각종 '일'이 자연히 원만해진다. 일은 그 일을 하는 사람을 바탕으로 이루어지기 때문이다.

인생에서 추구해야 하는 목표는 스스로 성장하는 것이다. 그다음은 현재에 머무르는 것이 아니라 자신의 안목을 넓히고 능력을 향상시키는 것이다. 우리의 시선이 머무르는 곳에 우리의 세상이 있기 때문이다. 물론 내재한 규제나 한계 말고도 외적인 어려움도 있다. 현재 우리가 서 있는 높이에서는 반드시 많은 어려움에 직면할 것이고 어려움 앞에서 적당히 타협할 것이다.

따라서 소망이란 자신의 능력을 속으로 헤아려 보는 약간의 상상일 뿐이다. 어려움은 마치 큰 산이 앞을 가로막는 것과 같다. 우리의 목표는 아마도 산 앞의 작은 공터 수준이다. 큰 산이 시야를 가렸기 때문에 눈앞의 작은 하늘만 바라보고 있는 것이다. 하지만 산은 계속 자라지 않는다. 이는 어려움도 마찬가지다. 우리 인류는 점점 더 강해질 것이다. 큰 산을 발아래로 밟고 어려움을 뒤로 따돌릴 수 있을 정도로 강해질 것이다. 그렇게 할 수 있기 위해 우리는 끊임없이 성장해야 한다. 예를 들면, 초등학생에게 수업시간은 꽤나 큰 어려움일 수 있고, 선생님이 내주신 문제도 풀기 힘들다. 그러나 중학생이 되고 나면 초등학생 때 어려웠던 수업은 모두 식은 죽 먹기처럼 쉬워진다. 자신이 성장하고 능력이 향상되었기 때문이다.

모든 어려움은 우리를 더 높은 곳으로 이끈다

어려움은 자라지 못하지만, 우리의 능력은 자랄 수 있다. 어려움은 죽어 있는 것이지만, 사람은 살아 있는 존재다. 위로 올라갈수록 길은 결코 붐비지 않는다. 만약 붐빈다고 느낀다면, 분명 아직도 너무 낮은 단계에 있는 것이다. 높이가 시야를 결정한다. 낮은 곳에 서 있을 때 시야는 한정된다. 더 높이 서 있을 때 시야는 분명 넓어진다. 그곳에 서면 자연히 풍경은 달라진다. 움푹 파인 상태에서 미래를 상상하면 내재된 제약과 외적인 어려움으로 인해 자신의 소망이 한정된 공간에 머물게 된다. 그렇게 되면 '마음속으로 원하던 일'이 '스스로에게 감옥'이 될 수도 있다. 본래 선의가 깃든 아름다운 축복이 사람을 감옥에 가두는 주문으로 바뀔 수도 있다는 것이다.

내가 광저우 대도시에서 자리를 잡을 수 있었던 것은 내가 태어난 작은 시골에 100제곱미터짜리 2층 건물을 소유하길 원했던 소망이 이루어지지 않았기 때문이다. 운명은 나를 끊임없이 가르치고 성장시켜 내가 서 있는 곳의 위도와 고도를 넓히라고 강요했다. 내 능력과 높이가 높아졌을 때 이전에 갖고 싶어 했던 물질적 부는 자연스레 따라왔다. 그때의 나처럼 수동적으로 운명의 핍박을 받아 배우는 것이 아니라 스스로 자신의 초점을 변화시키고, 바깥의 더 넓은 세상을 바라보며, 자신의 시야를 넓히고 더 나은 자신이 되기 위해 노력해야 한다. 끊임없이 성장할 때, 이전의 어려움은 우리를 방해하지 못한다. 물론 각자의 어려움은 다르겠지만 모든 어려움은 결국 우리를 더 높은 곳에 도달하도록 돕는다.

제한된 상상력으로 자신의 인생을 한정시키기보다는 스스로 더 높이, 더 멀리 볼 수 있도록 방향을 틀어보아라. 목표 없는 배 한 척은 바다에서 어떤 바람이 불어도 순풍이 아니다. 하지만 목표가 정해지면 바람이 어느 쪽에서 불어도 돛의 각도를 잘 조절하기만 하면 사방에서 부는 바람이 모두 순풍이 된다.

인생도 마찬가지다. 일단 성장의 목표가 세워지면, 생활 속에서 일어나는 모든 고난이 우리의 성장을 돕기 위해 온 것임을 알게 된다. 그러니 올해의 새해 소원은 '자신의 성장'으로 해 보자. 매일매일 성장하는 한, 시간이 흘러 원하는 것을 얻지 못하더라도 그보다 더 좋은 것을 얻을 수 있다.

✦

"높이가 시야를 결정한다.

낮은 곳에 서 있을 때 시야는 한정된다.

더 높이 서 있을 때 시야는 분명 넓어진다.

움푹 파인 상태에서 미래를 상상하면

내재된 제약과 외적인 어려움으로 인해

자신의 소망이 한정된 공간에 머물게 된다."

인생의 고농축 영양제, 자기 가치감

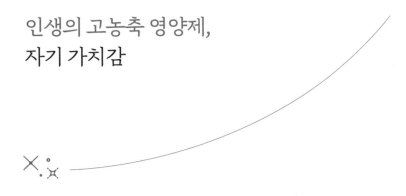

몸과 마음은 서로 연결되어 있다

건강이란 무엇인가? 중의학에서는 "몸이 건강해야 마음이 건강하다."라고 말한다. 그래서 건강은 몸과 마음이라는 두 가지를 포함해야 한다. 아마 다들 이런 경험이 있을 것이다. 어떤 날엔 몸은 멀쩡한데 전혀 기운이 나지 않기도 하고, 어떤 날엔 강도 높은 일을 해서 몸은 상당히 피곤한데도 여전히 힘이 넘치고 원기가 왕성하다. 왜 그럴까?

20년 동안 심리교육 분야에 몸담으면서 나는 강단에 자주 섰다. 그래서 강의는 결코 쉬운 일이 아니라는 걸 잘 알고 있다. 3박

4일 강의를 하게 되면 서 있는 시간만 30여 시간이다. 그렇기에 정신뿐 아니라 몸도 건강해야 한다. 하지만 대부분 나는 강의를 마쳐도 여전히 원기가 왕성하고 충만해 있는 편이다. 많은 수강생이 이를 의아해하며 "단장님, 나흘간의 강의를 마치고도 어떻게 이렇게 에너지가 넘치세요?"라고 묻는다. 사실 내가 매번 강의를 마치고 나서 충분한 에너지를 유지하는 것은 아니다.

한번은 말레이시아에서 4일간의 강의를 마치고 몸살이 날 뻔했다. 왜 똑같은 강의에 같은 양의 일을 했는데도, 어느 날은 온몸에 에너지가 넘치고, 또 어느 날은 온 힘이 쭉 빠져 있는가. 그 이유는 삶의 모습이 자신의 에너지에 달려 있기 때문이다. 몸과 마음 모두 각각의 에너지가 있는데, 이 둘은 인과관계로 서로 영향을 준다.

에너지는 단지 입을 통해 얻는 각종 영양분뿐만 아니라 우리 정신 영역의 충만함과 풍요에서도 얻을 수 있다. 이것이 바로 마음의 영양분이다. 그래서 몸의 건강은 신체 기능의 건강뿐만 아니라 내적인 풍요를 포함한다. 만약 마음에 에너지가 가득 저장되어 있다면 아무리 몸이 피곤해도 별로 힘들지 않다. 반대로 마음이 피곤하면 몸도 함께 망가진다.

마음의 에너지는 어디에서 나오는 걸까? 나는 사람들 대부분이 겪는 결혼 문제, 직장 문제, 재정 문제, 자녀교육 등의 문제가 거의 다 '자기 가치'와 관련이 있다는 것을 알아냈다. 모든 심리적 문제의 근원은 자기 가치감에서 비롯된다고 할 수 있다. 자기 가치감은 자신의 가치와 중요성을 스스로 느끼는 것이다. 그렇다면 자기 가치감을 어떻게 높일 것인가에 대해 중점적으로 살펴보자.

한의사인 친구가 있다. 그는 내게 선천적으로 기※가 부족하여 후천적인 몸조리가 필요하다며 비장과 위장을 다스려 훗날의 기운을 보양해야 한다고 말했다. 친구의 말을 듣고 나는 그제야 선천적인 기와 후천적인 기의 중요성을 챙기기 시작했다.

건강하기 위해선 이 두 가지 기운을 충분히 보양해야 한다. 먼저 기가 풍부한 아이는 몸이 튼튼하고 면역력이 강하지만 성장하는 과정에서 영양 보충을 게을리하면 그 기운이 다 소모된다. 하지만 선천적으로 기가 부족하다고 해서 오래 살 수 없는 것은 아니다. 비장과 위장을 잘 다스리며 기혈을 중화하고 제때 쉬며 꾸준히 단련하면서 동시에 즐거운 마음을 유지한다면 앞으로의 삶엔 여전히 좋은 영양분이 공급될 수 있다.

여기까지 살펴보고 나니 몸이 이러니 마음도 똑같지 않을까 하는 생각이 들었다. 심리적 에너지도 '선천적인 것'과 '후천적인 것'으로 나눌 수 있을까?

자신의 가치를 타인에게서 찾는 사람들

자아 가치는 자기 자신의 가치에 대한 주관적 평가이다. 흔히 성장 초기에는 부모의 수용, 긍정, 인정, 칭찬, 격려 등을 통해 자기 가치감이 발달하며 그 핵심에는 '자존감'이 있다. 한 사람의 자아 가치감은 그가 태어난 가정에 의해 크게 좌우되며, 어린 시절 부모나 중요한 타인이 그를 어떻게 교육하느냐에 따라 결정된다. 이 부분은 선천적인 것으로 물론 여기서 '선천적'인 것은 타고난 것이 아니라 자신이 결정할 수 없는 부분을 말한다.

'가정'은 자기 가치감의 원천이다. 많은 사람이 평생 자신이 어린 나이에 잃어버린 자기 가치감을 찾고 있다. 자기 가치는 주관적 평가이지만, 분별력이 약한 아이들의 자기 가치는 부모의 평가에서 흔히 나온다. 어릴 때부터 충분히 사랑받고 부모에게서 높은 평가를 받은 아이들은 분명 에너지가 넘치고 심리적 스트레스에 강하다. 왜냐하면 그들은 자신의 가치를 알고 있기 때문이다. 비록 눈앞에 큰 장애물이 있을지라도 자신이 뛰어넘을 수 있다고 굳게 믿고, 좌절을 겪더라도 잠시 뒤면 지나갈 것이라고 여긴다. 그들은 스스로 잘 처리할 수 있다고 믿으며 더 나은 삶을 살게 될 거라고 믿는다.

만일 아이가 여러 가지 비난을 받으면서 자라고 어릴 적부터 부모로부터 격려와 인정을 받지 못해 마음의 영양이 부족하다면, 은연중에 자신을 매우 낮게 평가할 것이다. 그들은 어른이 되면 타인의 조그마한 '입김'에도 마음속에 거센 비바람을 몰고 올 수 있다. 자신을 믿지 않고 끊임없이 다른 사람에게서 자신의 가치를 찾으므로 타인의 평가에 신경을 많이 쓰게 된다. 자기 가치감이 낮은 사람은 행복감을 느끼기 어렵다.

선한 생각을 가지고 선한 일을 많이 하면 인생은 더욱 아름다워진다

만약 한 사람의 마음에 영양이 선천적으로 부족하다면 어떻게 해야 할까? 심리학자들은 이 사회의 절대다수의 사람들이 선천적으로 부족함을 가지고 있다고 말한다. 나도 예외는 아니다. 자아 가치를 높이는 데는 크게 두 가지 방법이 있다.

1. 선천적인 기를 북돋아준다

자신에 대한 평가가 어렸을 때의 성장 경험에 기인하는 이상, 최면, 가족 리모델링 등 심리학적인 방법을 통해 과거로 돌아가 어린 시절의 나와 화해할 수 있도록 돕는다. 과거에 있었던 일을 바꿀 수는 없지만 과거에 있었던 일에 대한 인식은 바꿀 수 있다. 시각이 바뀌면 느끼는 바도 바뀌고, 스스로에 대한 평가 또한 자연스레 바뀐다. 심리치료와 심리수업이 한 사람의 운명을 바꿀 수 있는 근본적인 이유이다.

2. 후천적 조정

자기 가치감의 관건은 스스로 자신을 믿고 가치 있다고 인정하는 것이다. 어떻게 자기 가치감을 높일 수 있을까? 자신을 믿고 인정할 뿐만 아니라, 밖에서부터 내면으로 영양분을 공급해야 한다. 우리가 남들에게 선하게 대하면 남들도 우리에게 따뜻한 선의로 보답한다. 우리가 타인이나 사회에 아낌없이 베풀고, 즐겁게 공유한다면 타인과 사회도 긍정적으로 돌아갈 것이다. 이러한 긍정적 보답은 우리의 자아 가치감을 높이고 잠재의식에 들어와서 자신에 대한 주관적 평가를 조금씩 바꾼다. 이로 인해 인생도 서서히 자양분을 얻게 된다.

내가 강의 후에 몸은 힘들어도 정신적으로 피곤하지 않았던 이유는 강의하면서 수강생들로부터 '인정과 격려, 찬사'를 받았기 때문이다. 내 강의를 통해 수강생들의 인생에 변화가 일어나는 경험 덕분이다. 이런 선한 변화는 나에게 성취감과 만족감을 가득 채워 주었고, 내 삶에 자양분이 되었던 것이다.

그런데 왜 말레이시아에서 강의하고 나서는 허탈했을까? 말레이시아 화교들의 문화는 우리 아버지 세대처럼 진지하고 함축적이기 때문에 사람들에게 칭찬과 인정을 잘 표현하지 않는다. 그곳에서 4일간 강의하면서 거의 피드백을 받을 수 없었다. 나는 수강생들에게서 자양분을 얻을 수 없었고 단지 나의 에너지만 소비했다. 그러니 어찌 허탈하지 않았겠는가?

"자아 가치감이 부족할 때면
긍정적이고 낙관적인 '발광체'와 함께 있는 것을 선택하라.
에너지를 소모하게 하는 '블랙홀'을 멀리하고,
다른 한편으로는 선한 생각을 가지고 선한 일을 많이 하라.
사람들과 어울리면서 인생의 자양분을 얻으라.
우리의 인생은 선행을 통해 자연스럽게 더 나아질 것이다."

희생은 철저히 계산된
이기심이다

'이기심'의 반대말은 '희생'인가?

살다 보면 남들이 말하는 좋은 사람들, 타인을 위해 항상 자기를 희생해서라도 남을 잘 되게 하려는 사람들이 있다. 그런데 결국에는 그들의 삶은 엉망이 되고, 자신의 억울함도 토로하지 못하며, 주변 사람들도 잘 살지 못하는 경우가 있다.

반대로 겉으로는 자신을 위하는 것처럼 보이고 쉽게 남을 도와주지 않는 이기적인 사람들로 보이지만, 그들은 물론 주변 사람들도 행복하다. 왜 이렇게 확연히 다른 두 가지 결과가 나올까? 사람은 정말 좀 이기적이어야만 잘 살 수 있단 말인가?

한 드라마 속 명문대 출신 여주인공이 외국계 기업에서 일하던 중 남편을 만나 결혼 후 직장을 그만두고 전업주부로 돌아갔다. 시간이 지나자 그녀는 남편과의 대화는 점점 줄어들었고 남편의 외도를 의심하는 지경에까지 이르렀다. 그녀는 자신이 꽤 괜찮은 직장을 그만두고 자신의 일상까지 포기하며 가정을 위해서 얼마나 큰 희생을 치렀는지 남편은 모른다고 생각했다. 결국 두 사람의 결혼생활은 망가지고 말았다. 가정을 위해 자신을 희생한 그녀는 행복하지 않은 삶을 살았다. 그렇다면 그녀가 자신을 희생하지 않았다면 어떻게 되었을까?

나는 이전에 남편은 공대생 출신의 엔지니어로 내향적이고, 아내는 경제학 전공에 외향적이며 일 욕심이 많은 부부 이야기를 들은 적이 있다. 그 집은 남자가 집안일을 하고 여자가 바깥일을 했다. 남자는 집에서 아이를 돌보고 여자는 일에 열중했다. 많은 사람이 이것을 의아하게 여겼다. 전통적으론 항상 남자가 바깥일을 하고, 여자가 집안일을 했으니까 말이다. 그래서 너도나도 그 여자가 지나치게 이기적이고 가족을 돌보지 않으며 희생하지 않는 나쁜 아내이자 나쁜 엄마라고 수군댔다.

그녀는 드라마 여주인공과 달리 다른 사람의 의견에 연연하지 않고 자기 할 일을 꾸준히 해나갔다. 그녀는 남편과 상의 끝에 자신이 바깥일을 주로 하고, 남편이 집안일을 하기로 결정을 내렸던 것이다. 결혼 5년 차인 두 사람은 금실이 좋고 이웃과의 관계도 잘 맺고 있었다.

어느 날 이웃의 수군거림을 들은 그녀는 이렇게 말했다.

"만약 가정을 위해 자신을 희생하고, 꿈을 접고, 주부로서 최선을 다했다면, 저는 생기가 없었을 뿐 아니라 계속 원망했을 것이고 남편도 덩달아 시름시름 앓아서 온 가족이 종일 먹구름이 낀 것처럼 끊임없이 갈등했을 거예요."

희생이란 사실 무언가를 얻기 위한 것이다

어떤 이는 그녀가 자신만을 생각하는 것은 이기심의 표현이라고 말한다. 이기적인 것은 어떤 걸까? 백과사전에는 이기적인 것을 '개인의 이익과 욕구에 기초한 행동과 반응'이라고 정의한다. 겉으로는 가족을 위해 희생한 드라마 여주인공이 이기적이지 않아 보이는 반면, 자신을 주부로 희생하는 것을 달가워하지 않는 아내는 남을 배려하지 않고 자기만 생각하는 이기적인 사람으로 보인다. 그런데 정말 그럴까? 자신을 희생하는 것도 이기적일 수 있다고 생각해 본 적은 없는가?

사람들 중에는 십자가에 자신을 올려놓고 희생하는 버릇이 몸에 배어 있는 경우가 많은데 이런 경우 이들은 '당신을 위해서 한

일'이라고 이름을 붙인다. 사실 이 말의 속뜻은 '나는 당신을 위해 모든 것을 희생했는데 당신은 나에게 온전히 보답하지 않는다'이다. 이런 희생은 희생을 한 사람을 도덕적으로 높은 곳에 올려놓고 자신이 이만큼 희생했으니 당연히 상대방도 그에 상응하는 대가를, 심지어는 몇 배까지 받아야 마땅하다고 생각한다. 그러나 이런 독선적인 희생은 상대방을 즐겁지 않게 할 뿐만 아니라, 종종 상대방에게 감당할 수 없는 부담을 주어 숨막히게 한다.

앞서 말한 드라마 속 여주인공은 사회와 동떨어져 지내면서 남편과 공통된 화제가 거의 없어 즐겁게 살지 못했다. 그녀의 불쾌한 감정은 은연중에 스트레스, 타인과의 장벽, 소통 부재, 그리고 자기희생을 동반한 분노, 억압, 억울함으로 변해 결국 상대방이 감당하기 어려운 고통이 된다.

미국 가족치료의 대가 버지니아 사티아Virginia Satir는 인간의 속마음을 물 위에 떠 있는 거대한 빙산에 비유했다. 수면 위로 보이는 빙산은 극히 일부일 뿐이고 더 큰 부분은 물 밑에 있지만 육안으론 볼 수 없다. 마찬가지로 우리는 한 사람을 보더라도 그의 겉모습만 얕게 볼 수 있을 뿐이다. 무엇이 그런 행동을 초래하는지는 모든 사람이 알 수 없기 때문에 '사람의 겉모습만 알고 마음은 모르게' 되는 것이다. 만약 시간을 들여 심리학을 공부한다면 우리의 행동 이면을 통찰할 수 있는 법칙이 많다는 것을 알게 되고

'사람의 겉모습도 알고 마음도 알 수 있게' 될 것이다.

빙산의 원리에 따르면 행동 하나하나의 이면에는 어떤 요구나 기대가 있다. 그렇다면 이런 '희생'의 이면에는 무엇이 있을까. 희생은 사실 무언가를 얻기 위한 것이다. 자신을 희생하는 사람들은 자신의 희생을 통해 무언가 개인의 목적을 달성하려 한다.

위 드라마 속 여주인공은 가족을 위해 자신의 커리어를 희생했으므로 가족이 자신을 더 사랑해야 한다고 생각했다. 그녀는 자신의 '희생'을 통해 상대에게 '죄책감'을 주고 더 많은 사랑을 받아 자신의 욕구를 충족하려 했다. 희생은 그저 그녀가 사랑의 이름으로 무언가를 얻어내는 수단일 뿐이었다. 이것은 그저 개인의 이익과 욕구에 기초한 행동과 반응이 아닌가. 이것이 어찌 이기적인 것이 아니겠는가.

희생은 누구에게도 행복을 주지 않는다

이른바 '이기적'인 행동을 살펴보자. 나는 사람들에게 구두쇠라는 소리를 듣곤 했는데, 이는 '번지르르한 모금'을 거절해 왔기 때문이다.

최근에는 멘토반을 졸업한 친구들이 대형 강연회를 준비하던 중에 반 위원회가 내게 장소 대여료를 모금하려고 왔는데 그 자리에서 거절했다. 내가 거절한 이면에는 어떤 의미가 있었을까? 나는 강사가 강의를 잘하는 것 외에 마케팅하는 법도 배워야 한다고 생각했기 때문이다. 만약 자신의 강의 내용이 들을 가치가 없다고 생각된다면 강연을 열어서 다른 사람에게 들으라고 하지 마라. 그렇지 않으면 그 강의를 듣는 수강생을 망칠 수 있다. 만약 자신이 말하는 내용이 가치가 있다고 믿는다면 용감하게 판매해야 한다. 한 반에 80여 명의 수강생이 한 사람당 몇 장의 표만 팔아도 몇백 장의 표는 바로 판매할 수 있다. 내가 바란 것은 그들이 스스로 판매하는 것에 대한 두려움을 극복하고 성공하는 것이었다. 이 또한 탁월한 심리학 지도자의 의무이다. 내가 그 비용을 도와준다면 그들이 스스로 판매하는 것에 대해 가진 두려움을 인정하고 안전지대에 머무르게 하는 것인데 이것은 오히려 그들을 해치는 일이다. 나의 이 이기적이고 무자비해 보이는 채찍질 아래 내가 키운 멘토들은 장소 대여비 문제를 쉽게 해결할 수 있었을 뿐 아니라 판매 능력도 덩달아 커졌다.

자신을 희생하고 억울한 마음을 품고 억누르는 것이 어찌 스스로를 해하는 일이 아니겠는가. 시간이 흐를수록 끝없는 희생은 상처, 불공평하다는 마음, 걷잡을 수 없는 분노, 억눌린 설움, 보이지 않는 요구로 이어진다. 이것이 어찌 이기적이지 않은가? 이들이 어떻게 가정에 적극적으로 기여할 수 있겠는가? 자신의 자유와 독립, 행복을 희생해도 남편의 사랑 또는 등가의 보답을 받지 못했다. 의심이 많고 미운털이 박힌 여자, 피해자의 이미지가 있는 사람을 어떤 남자가 좋아하겠는가. 희생은 누구에게도 행복을 주지 않는다.

자신을 희생함으로써 다른 사람에게 만족을 강요하는 것은 잘못된 일이다. 허심탄회하게 서로의 장점을 살릴 수 있다면 각자의 욕구도 충족시킬 수 있다. 쌍방이 모두 편안한 결혼생활을 유지할 수 있어야 행복이 오래갈 수 있다!

만약 원하는 것이 있다면, 가장 쉬운 방법은 자신의 요구를 용감하게 직면하는 것이며, 상대방에게 허심탄회하게 표현하는 것이다.

✦

"자신을 희생하는 것을 줄이고,
평등하게 베풀며, 자신의 마음을 잘 보호하고,
가장 진실한 자신이 되어라.
경제적으로든 정신적으로든 독립할 줄 알고,
자신의 강점을 충분히 발휘하여
자신의 가치를 세우고, 뜻을 굽히지 말아라."

걸림돌일까,
디딤돌일까?

만능형 나르시시즘

우리 주변에는 분명 이런 사람들이 있을 것이다. 누군가가 일 년에 100여 권의 책을 읽는다는 것을 듣고 자신도 내일부터 독서를 시작하기로 결심하고 실천하지만 작심삼일로 끝나고 만다. 누군가가 유창하게 영어를 구사하는 게 부러워 두 눈을 반짝이며 영어책을 한가득 사고, 외국 영화를 엄청나게 다운받는다. 그러다 결국엔 책은 다른 사람에게 선물하고 DVD는 망가질 때까지 열어보지 않는다. 6개월 만에 60킬로그램을 감량한 사람의 유혹적인 복근 라인을 훔쳐보다가 헬스 계획을 다시 세우며 이를 악물고 산

러닝머신은 결국 먼지투성이로 전락한다.

심리학을 며칠 공부한 사람이 발전이 없는 자신의 모습에 그럴 싸한 핑계를 댄다. 아무리 그럴듯한 이유라 해도 그것은 자신의 무능에 대한 자기 위안일 뿐임을 잘 알고 있을 것이다.

이와 달리 다른 부류의 사람들도 있다. 그들의 출발점이 어떻든 몇 년간 안 보이다가 한순간 탈바꿈해서 나타나는 사람들이다. 그들은 어떻게 그렇게 변화할 수 있었을까? 내가 아는 한 여성이 전형적인 이런 유형이라고 할 만하다.

한 강의에서 만난 그녀는 샤오리小利로 유명한 위챗(우리나라의 카톡과 같은 메신저 앱)의 공식계정인 '샤오리셜小利說'의 설립자다. 그녀는 많은 여성의 워너비로, 사업도 잘 되고 결혼도 하고 아이도 낳았다. 게다가 몸매도 완벽했다. 얼마나 많은 여성이 꿈에서라도 바라던 일인가! 그런데 놀라웠던 것은 그녀의 과거 사진을 보았는데 그녀는 원래 완벽한 몸매를 타고난 것이 아니었다. 한때는 통통했다. 그래서 어떻게 이렇게 관리를 잘했냐고 물었더니 헬스를 꾸준히 하면 되고 또 운동을 좋아하면 된다는 것이다. 얼마나 쉽게 말하는가. 나도 헬스를 하고는 있는데 꾸준히 운동하는 것이 얼마나 어려운 일인지 잘 안다. 바쁜 세상에서 하루 한두 시간을 꾸준히 헬스장을 찾아 운동하기란 정말 쉽지 않은 일이다.

나는 심리학에 종사하는 자의 촉으로 샤오리가 얼렁뚱땅 말한 몇 마디 말 뒤에 분명 어떤 이야기가 있을 거라고 느꼈다. 그 이야기를 끄집어내기로 했다. 왜냐하면 그녀의 이야기는 분명 많은 여성의 운명을 바꿀 수 있기 때문이었다.

"운동을 좋아하는 사람이야 정말 많은데 샤오리 씨는 무슨 힘으로 끝까지 버텨냈나요?"

그녀는 골똘히 생각에 잠겼고 나의 질문에 바로 대답하지 않았다. 이후에 그녀는 '만능형 나르시시즘'이라는 우즈훙 선생이 명명한 용어로 답했다.

'만능형 나르시시즘'이란 무엇일까? 우즈훙 선생은 '누구나 젖먹이 시절에는 세상이 자기 뜻대로 되리라 생각한다. 아기는 자신이 못 하는 게 없다고 생각하고, 자신과 완전히 하나가 된 세상(엄마나 다른 양육자)은 자신이 원하는 대로 움직일 것으로 생각한다. 배가 고프면 바로 젖을 주고, 외로우면 바로 안아 주는 사람이 있다고 생각한다'는 것이다.

그런데 이 부분만 있다면 모든 것이 가능하다는 자기애는 그저 망상에 불과하다. 이런 망상은 늘 끔찍한 무력감, 분노, 강제적 망상을 동반한다. 모든 것이 가능하다는 자기애가 좌절되는 순간, 자아와 온 세상은 산산조각이 나고 움직일 힘이 사라지는 무력감을 느끼고 마는데 누구나 이런 무력감을 느끼고 싶진 않다. 그래서 화가 나면 자기애를 파괴하거나 사물을 공격한다. 자기애를 깨뜨리는 사람을 통제하는 것이 가장 좋다고 생각하는데, 그렇게 해야 자신이 그 사람에 대해 여전히 자기 마음대로 할 수 있다는 것을 증명할 수 있기 때문이다.

우즈홍 선생의 이론에서 볼 수 있듯이 만능형 나르시시즘은 편집증, 정신분열, 우울감, 심지어 자기 장애의 말로를 걷게 될 수도 있다. 하지만 샤오리는 어떻게 이 모든 난관을 떨치고 현재의 모습으로 변할 수 있었을까? 이 나르시시즘은 대개 아기 때, 부모로부터 자신의 욕구가 충분히 충족되지 못한 결과, 자라면서 외부에서 원하는 것을 끊임없이 얻어내고 모든 것을 통제하려 하는 것이다. 이런 성향을 지닌 사람은 보통 주변 사람들을 힘들게 한다.

세상에 절망적인 상황은 없다
다만 절망하는 사람만 있을 뿐이다

샤오리는 초등학교 때부터 고등학교 때까지 거의 1등을 도맡아 했다. 명문학교를 다녔지만 부모님이 자신을 인정해 주거나 칭찬하는 일이 드물었다고 한다. 고1이 되던 해, 그녀는 갑자기 왜 공부하는지 스스로 이유를 묻기 시작했다. 시험을 볼 때마다 최선을 다해 1등을 하려고 노력했는데 2등을 하면 가족들은 왜 1등을 못했냐고 다그친다. 1등을 해도 가족들은 또 그녀의 글씨가 변변치 않다고 트집을 잡았다. 요컨대 부모는 매일 그녀의 귀에 대고 수능 타령하는 것 외에는 비난과 공격만 할 뿐 격려하지 않았다.

그녀에게 수능은 도대체 무엇을 위한 것인지 도저히 풀 수 없는 문제였다고 한다. 당시의 그녀는 자신의 가치가 매우 낮고 비천하다고 여겼고 곧 우울해졌다. 그러다 우연히 그녀는 헬스장에서 땀을 뻘뻘 흘린 뒤 자신 안의 많은 의문을 풀 수 있다는 것을 깨달았다. 바깥세상은 통제할 수 없지만 몸매는 통제할 수 있다는 자신감이 생겼다. 그때부터 그녀의 '만능형 나르시시즘'은 새로운 방향을 찾아서 더는 우울감에 젖지 않고 점점 더 예뻐질 수 있었다.

인생은 십중팔구 뜻대로 되지 않는다. 순풍에 돛을 단 듯 쉽게 나아가는 인생은 없다. 누구든 온갖 어려움에 부딪혀 무력감을 느낄 때가 있다. 다만 누군가는 어려움을 겪으면 포기하고 밑바닥으로 떨어져 피해자가 되는 데 비해, 샤오리 같은 사람은 위기를 스스로 성장하고 변화하는 기회로 만들었다는 점이 다르다.

자신이 걷는 길 앞에 커다란 돌이 있을 때 누군가는 걸림돌로 여기고, 누군가는 밟고 지나가고, 누군가는 자신을 한 단계 올라가게 하는 계단이 되도록 하는 것과 같다. 돌은 돌일 뿐이지만 걸림돌인가, 디딤돌인가? 이것은 돌 자체에 의해 결정되는 것이 아니라 우리가 직접 결정하는 것이다.

샤오리의 세계에서 '만능형 나르시시즘'은 또 어떤가. 통제하고 싶다는 마음으로 세상을 통제하고 주변 사람들을 통제하기보다 그 통제력을 자신을 통제하는 데 썼다. 그러다 보니 몸매관리와 가정생활, 사업 등 모든 것이 순조로울 수 있었던 것이다.

이 세상에 절망적인 상황은 없다. 다만 절망하는 사람만 있을 뿐이다. '만능형 자기애'는 두려운 것이 아니다. 아픈 것도 마찬가지다. 어떤 이는 질병이 자신을 괴롭히려는 것으로 중병에 걸리면 하늘이 공평치 못하다고 불평한다. 하지만 어떤 사람은 중병에 걸리더라도 인생의 의미를 고민하고 건강에 관심을 가지기 시작해 자신의 마음을 추스르고 오히려 남은 인생을 즐겁고 충실하게 살려고 한다.

신체장애에도 불구하고 인생을 직시하고 충만한 영혼으로 『나와 디탄』을 쓴 스테셩史鐵生의 삶은 생생하게 빛난다. 닉 부이치치 Nick Vujicic도 신의 눈으로 자신을 바라보며 팔다리가 없다는 사실을 받아들여 피나는 노력 끝에 세계적으로 희망을 전하는 유명한 강연자가 돼 결혼도 하고 가정도 가질 수 있었다.

진짜 문제는 문제를 어떻게 대하는지 모르는 것이다

사업에 실패했다고 주저앉아 자본주의의 잔혹함을 원망하고, 적수를 탓하며, 무지몽매한 상태에서 정신을 못 차리는 사람들이 있다. 그러나 홍타그룹 창립자인 추스젠은 횡령죄로 무기징역을 선고받았으나 병 보석으로 사회에 복귀해 74세에 오렌지 나무를 심으면서 추청이라는 오렌지 브랜드를 만들어 다시 전설이 되기도 했다.

누구나 다이어트를 시도하지만 성공하지 못하는 경우가 더 많다. 아마도 성공하지 못한 데는 자신의 체형이 유전적이고 생활 스트레스가 심해서, 시간이 없어서, 아이를 데려와야 해서, 돈이 없어서 등등 여러 이유를 댄다. 실패자와 성공자는 모두 똑똑하지만, 실패자는 똑똑함을 이용해 핑계를 대는 데 반해, 성공한 사람은 똑똑하게 방법을 찾는다. 샤오리가 날씬한 몸매를 유지하는 것은 매일 몸을 만들기 때문만이 아니라 이른바 '부정적'인 면을 '긍정적'인 면으로 바꾸는 능력을 길렀기 때문이다. 어떠한 일 자체가 의미가 있는 것이 아니며 모든 의미는 내가 부여하는 것이다. 현재 그녀가 가진 가장 큰 매력은 빼어난 미모도, 건강한 몸매도, 미디어에서 이룬 성취도 아니다. 삶과 삶의 본질에 관한 꺼지지 않는 열정과 갈망이다.

내가 샤오리의 이야기를 쓴 것은 많은 사람에게 자신이 현재 직면한 모든 문제가 자원이 될 수 있다는 것을 깨닫게 하기 위해서다. 만능 자기애는 창피한 것이 아니고, 자아 가치가 낮은 것도 창피한 일이 아니며, 자신에게 있는 모든 단점도 창피한 것이 아니다. 정말 창피한 것은 자신이 계속 그것을 피하려고 하는 것이다. 샤오리와 같이 부정적인 일에서 긍정적인 의미를 찾는다면, 허물을 벗은 나비처럼 더욱 아름답게 태어날 수 있다. 미국의 저명한 심리학자 버지니아 사티어 여사의 말처럼 '문제 자체가 문제가 아니라 어떻게 대처하느냐가 문제'이다. 따라서 비만이 문제가 아니라 비만을 어떻게 대하느냐가 문제다.

"돌은 돌일 뿐이지만
걸림돌인가, 디딤돌인가?
이것은 돌 자체에 의해 결정되는 것이 아니라,
내가 직접 결정하는 것이다!"

열정적이고도 기분 좋은 달리기, 사랑

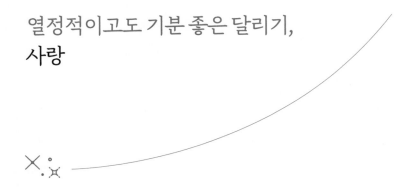

재산과 권력이 있으면 행복한가?

나의 '코치식 관리' 강의를 들으러 온 수강생 중, 장 사장이라는 이는 대단한 권력가에다 돈도 많았다. 그는 사석에서 내게 코치와 관련된 자신의 사례를 다뤄 달라고 요청했고 그때 나는 그가 즐겁게 살고 있지 않다는 것을 느꼈다.

그의 사업은 제법 번창했지만 처음 창업할 때의 의욕은 사라진 지 오래였다. 지금 가진 재산은 몇 대가 지나도 다 쓰지 못할 정도로 많았지만, 사업이란 게 톱니바퀴처럼 맞물려 돌아가는 시스템이라 멈출 수는 없는 일이었다. 방문객을 응대하고, 거래처와 협상하고 출장을 가는 등 매일 일정이 꽉 차 있었다. 큰 집에 살면서도 집에 머무는 날은 며칠 되지 않았다. 그는 이렇게 힘들게 사는 게 도대체 무엇을 위한 것인지 알 수 없을 때가 많다고 했다. 미간을 잔뜩 찌푸린 그를 보면서 나는 그의 마음 깊은 곳에 채워지지 않는 구멍이 있다는 것을 눈치 챘다. 그래서 왜 그리 악을 쓰며 사느냐고 물었다. 그랬더니 아내에게 증명해 보이고 싶다는 것이었다. 그러면서 가난한 집안이라고 멸시를 받았는데 이젠 큰 부자가 되었는데도 아내나 처갓댁 식구들은 자신을 무시하는 것 같다는 것이다. 이 이야기를 하면서 뜻밖에도 그는 눈물을 흘렸다.

억울함도 하나의 패턴으로, 보통 어린 시절부터 형성된다. 나는 그를 옛날 어린 시절로 데려갔다. 그가 어린아이였을 때 부모님은 생계를 위해 그를 할머니 할아버지 댁에 맡겼다. 그는 늘 자신이 잘하지 못해서 부모가 그를 원하지 않는다고 생각했기 때문에 어렸을 적부터 친구들에게 지지 않으려고 노력했다. 그러나 그가 아무리 노력해도 부모님의 인정을 받을 수 없었다. 그는 자신이 열심히 일해서 성공하면 이것들이 문제가 되지 않을 거라고 생각했다. 그러나 지금 모든 것을 성취하고, 사업도 커져서 매우 인정받고 있었지만, 그의 마음속 구멍은 여전히 채워지지 않고 있었던 것이다. 또한 더 걱정스러운 점은 자신의 사업이 앞으로 계속 순조롭게 발전할 수 없다는 사실을 안다는 것이다. 언제 경영 부실로 쓰러질지 알 수 없으며, 그런 일이 일어나면 정말 아무것도 남지 않게 된다는 것이다. 이것이 바로 그가 줄곧 바쁘게 사는 이유였다.

얼마 전 심리학협회 회의에 참석했는데 참석자들 모두가 심리학계에서 비교적 성공한 이들로 대부분 심리학계에서 10~20년간 분투해 왔다. 베테랑 심리학자들은 거센 파도를 헤치며 걸어왔지만, 심리학계의 확장을 이야기할 때면 여전히 앞이 보이지 않는다고 했다. 하지만 나는 그들이 좌절과 어려움을 이야기할 때도 얼굴에는 자부심과 자신감이 가득한 것을 볼 수 있었다.

왜 어떤 사람은 어려움 앞에서도 여전히 열정적이고 투지가 충만하며 자신감이 충만한데, 어떤 사람은 높은 위치에 있고 부유한데도 여전히 초조하고 긴장하며 도망치느라 지치고 아무런 즐거움이 없다고 말하는가? 부와 권력이 과연 한 사람의 삶을 결정할 수 있을까? 만약 할 수 없다면 도대체 무엇이 한 사람의 삶을 결정짓는가?

내면이 풍족한 사람은 기쁘고 평화롭고 행복하다

　인생에는 두려움과 사랑이라는 두 개의 큰 힘이 있다. 앞으로 나아가게 하는 것은 대부분 '두려움'의 힘이다.

　세계 1위인 우사인 볼트의 단거리 기록을 깨게 하는 데 보너스를 많이 줘 이득을 보게 하는 방법과, 호랑이 한 마리를 뒤에 놓아 두려움을 증폭시키는 방법 등 두 가지가 있다고 가정해 보자. 어떤 방법이 기록을 깰 가능성이 더 높은가? 의심할 여지 없이 두 번째다.

　두려움이라는 동력에 의해 대다수가 성공한다. 그러나 두려움 때문에 달려간다면 설사 성공한다고 해도 그 성공이 즐거울 수 있을까? 내면의 두려움으로 인해 두말할 나위 없이 고통스러울 것이다. 자신의 가치를 증명하기 위한 두려움이 무한한 동기부여를 일으켜 막대한 자산을 갖게 됐을 때 아쉽게도 재산이 아무리 많아도 불안과 두려움이 덜할 리 없다. 그런 사람들은 아무리 권력과 부를 가졌다고 해도 나는 그들이 인생의 높은 차원에 도달할 수 있으리라고 생각하지 않는다.

　달릴 때마다 호랑이에게 쫓기듯 혼비백산해야 하는 것은 아니다. 열정적이면서도 기분 좋은 달리기, 그것은 바로 '사랑' 때문에 달리는 것이다. 나무가 힘차게 자랄 필요 없어도 자신이 나무라는 것을 증명하는 것처럼 자신의 가치를 굳이 증명하려 하지 않는 사람이 있다. 다른 사람을 위해 자신이 할 수 있는 것을 하여 도와주려고 할 때, 그 사람의 마음엔 더 강한 힘이 생긴다. 그것이 바로 사랑의 힘이다. 그 힘은 그 사람을 더 가치 있게 하고 성취감을 느끼게 한다.

이것이 심리학자 매슬로Abraham Harold Maslow의 욕구 단계설에서 최고층에 있는 '자아실현'이다. 이런 동력은 외부의 압박이 아니라 마음에서 우러나온다. 마음이 넉넉한 사람만이 다른 사람을 위해 기꺼이 자신을 바친다. 반대로 다른 사람을 생각하게 되면 그 사람의 마음은 점점 풍족해지고 풍요로워진다. 남을 도울 때 마음속에 떠오르는 가치감이 그 사람의 내면에 있는 부족함을 치유하기 때문이다. 한 사람의 마음이 풍요로울 때 사랑의 동력은 끊임없이 공급되어 무궁무진해지고 아무리 써도 없어지지 않는다. 무엇보다 마음이 풍요로운 사람은 즐겁고 평화롭고 행복하며 그의 삶은 분명 한 차원 더 높은 곳으로 올라간다.

어떻게 해야 자신의 인생을 더욱 높은 단계로 끌어올릴 수 있을까? 가장 도움이 되는 방법 두 가지가 있다.

1. '사람'에게 초점을 맞추라

심리학이 내게 준 가장 큰 변화는 초점을 '사람'에게 맞추는 것이다. 자신이 하는 일을 통해 타고난 가치를 증명하는 것은 두려움을 안고 끊임없이 달리는 돌아오지 않는 길임을 알아야 한다. 나의 초점이 '일'에서 '사람'에게로 옮겨지기 시작하자 내면에 변화가 일어났고, 내면의 부족함을 치유하면서 나의 인생에는 일련의 변화가 생겼다. 두려움에서 평화로 마음이 바뀌면서 나의 내면은 풍요로워졌고, 외면도 달라졌다.

2. 마음속에 '사랑'이 있다

우리가 이웃에게 사랑을 베풂으로써 세상은 천국이 될 수 있다. 타인의 필요에 주목해 스스로 사랑을 나누고 도움을 주기 시작할 때 우리의 마음은 평화롭고 풍요롭고 기쁨이 넘친다. 더 중요한 점은 마음속에 사랑이 있을 때, 내면에 끊임없는 동력이 생긴다는 것이다.

이 두 가지 방법은 사실 서로 인과적이고 양면적이다. 내면이 풍요로울 때 우리는 다른 사람을 도울 수 있는 동력이 생겨난다. 그리고 내면이 부족할 때도 사랑을 나누고 도움을 줄 줄 안다면 자기가치감은 깨어나고 우리의 인생도 그로써 자양분을 얻게 된다.

두려움 때문에 달리는가? 아니면 사랑을 위해 달리는가? 이 두 가지 다른 동력이 인생을 결정한다. 두려움의 힘 대신 사랑의 힘으로 삶을 사는 것을 선택할 때 인생은 더 나아질 수 있다.

어려움 앞에서도 태연자약하고 두려움이 없는 이들의 마음은 온전하고 풍요롭다. 어려움 속에서도 그들의 내면에는 힘과 행복감이 가득하며 그들을 끊임없이 움직이게 하는 것은 사랑의 힘이다. 그래서 우리는 무엇을 가졌기 때문에 어떤 사람이 되는 것이 아니라, 어떤 사람이 되는지에 따라 어떤 성취를 이루는지가 결정된다. 지금까지 두려운 마음으로 살기 위해서 인생을 살았다면, 이제 우리는 사랑의 힘을 선택할 수 있다. 비록 그 힘이 두려움의 힘만큼 세지는 않더라도 적어도 인생의 여정을 가는 동안 우리는 행복할 수 있다.

대다수 사람의 고통은 심리적 고통에 기인하는데, 이는 내면의 상처가 치유되지 않고 내면의 결핍이 충족되지 않았기 때문이다. 장 사장은 심리학 공부를 통해 도움을 받을 수 있었다. 나는 그에게 "사업이나 부라는 유형적인 것을 가지고 자신의 가치를 증명하는 것 외에 아내나 부모, 그리고 사회 전체를 위해 무엇을 할 수 있을까요? 당신 덕분에 그들의 삶이 어떻게 더 나아질 수 있을까요?"라고 물었다.

나는 그의 내적 동력을 바꿨을 뿐인데, 이 전환으로 그는 남은 인생을 새롭게 살 수 있었다. 인생은 단지 우리의 외적인 성취에 달려 있지 않고, 내적인 상태에 달려 있다. 내면이 풍족한 인생만이 고차원적인 삶이다.

✦

"두려움 때문에 달리는가?
아니면 사랑을 위해 달리는가?
이 두 가지 다른 동력이 인생을 결정한다.
두려움의 힘 대신 사랑의 힘으로
삶을 사는 것을 선택할 때
인생은 더 나아질 수 있다."

인생은
두리안을 도전해 보는 것!

자신을 둘러싼 울타리를 넘어

사람과 사람은 서로 영향을 주고받는데, 누구와 있느냐에 따라 우리도 그런 사람이 된다. 함께 있는 사람이 어떤 일을 할 수 있느냐에 따라 우리도 그 일을 할 수 있게 된다. 아니 적어도 그럴 가능성이 훨씬 크다는 것은 의심의 여지가 없다.

나는 저서 『권층돌파』에서 한 차원 더 높은 단계로 다르게 살아가려면 자신을 둘러싼 단단한 울타리를 뛰어넘어야 한다고 말했다. 그러나 울타리를 넘는 것이 어디 쉬운 일인가.

영국의 마이클 앱티드Michael Apted 감독은 〈56UP〉이라는 다큐멘터리에서 열네 명의 다양한 계층의 아이들을 무작위로 선정해 7세 때부터 56세까지 추적했다. 어린 시절부터 노년에 이르기까지 49년간 그들이 성공하거나 실패한 이야기를 담았다. 그중 니콜라스는 농부의 아들로 옥스퍼드대학에 입학해 미국 명문대 교수가 되면서 인생의 역전을 이뤘다. 하지만 나머지 열세 명 중 가난한 아이들은 여전히 가난하게 살았고, 부자였던 아이들은 여전히 부자로 계층이 대물림됐다.

사회 각층에 사는 사람들은 인맥, 부, 사고방식, 교육 자원 등이 전혀 다르고, 고소득층이 가진 자원은 일반 서민이 따라올 수 없으니 고착화된 울타리를 뚫기가 쉽지 않다. 그래도 돌파는 가능하다. 〈56UP〉이 기록한 열네 명 중 한 명이 돌파하지 않았는가. 만약 이 영화가 대표적으로 한 사회의 축소판이라면 적어도 10퍼센트에 가까운 돌파 확률을 가지고 있는데, 우리는 왜 이 10퍼센트가 되지 못할까?

어떤 사람은 나를 보고 낙관주의자라고 말한다. 비록 내가 있는 사회 계층이 그리 높은 편은 아니지만, 나는 적어도 먹고 입을 것이 없는 가난한 집 아이에서 한 걸음씩 나아가 오늘의 풍족한 생활을 하게 되었고, 또 내일이면 더 나아질 것이라고 믿기에, 계층 돌파에 관한 짧은 내 견해를 이야기하고자 한다.

자신이 정한 한계를 넘어서라

지방에서 강의할 때면 주최 측은 강사를 잘 대접하고 싶은 마음에 어떤 음식을 좋아하는지 수소문해 심지어 광저우에서 멀리 떨어진 도시에서 광둥요리를 차려 주기도 한다.

일반적으로 사람들은 늘 익숙한 음식을 즐겨 먹고, 같은 스타일의 옷을 입고, 한 유형의 친구를 사귀며, 자신이 터전을 잡은 지역에서 타지역으로 이사가고 싶어 하지 않는다. 하지만 나는 다르다. 내가 가장 좋아하는 것은 그 지역의 특색 있는 요리다. 여기저기 돌아다니는 것을 좋아하는데 세상이 이렇게 넓은데, 세상의 아름다운 경치를 구경하지 않고 세상 여러 음식을 맛보지 못한다면, 이 세상에 온 이유가 없지 않겠는가.

사실 나도 원래 그런 사람은 아니었다. 낙후된 시골 마을에서 태어나고 자란 농민의 후손이다. 농민은 토지를 기반으로 평생 농사를 지으며 살아가며 자신의 부모처럼 평생 먼 길을 떠나 본 적이 없다. 그런 환경에서 자란 나는 보수적이고 관습적인 패턴 속에서 비교적 고착화된 삶을 살았다. 사람과 사람은 서로 영향을 주기에 훌륭한 사람을 알고 지내는 것은 평생에 영향을 주기에 충분하다. 인생이 바뀌는 것은 좋은 인재를 알게 되는 기회 덕분이기도 하다.

10여 년 전 내가 비즈니스 해외 답사를 하면서 알게 된 조에 씨는 대만 출신의 베테랑 가이드다. 그때 당시 나는 세계를 여행하면서 매일 새로운 경험에 기쁨도 느꼈지만 서툴고 낯선 일에 대한 도전으로 힘들 때도 많았다. 내가 이끌던 우리 답사 팀은 대부분 해외여행이 처음이라 맞지 않는 음식 때문에 고생을 했고 내게 여러 가지 요구를 했다. 아침엔 흰죽을 먹거나 양식 옆에 짠 음식이 나와야 한다든지 말이다(그때만 해도 중국 관광객이 적어 외국 식당엔 그런 식재료가 없었다. 지금은 이미 많은 외국 음식점이 중국인의 특수한 요구를 만족시킬 줄 알게 되었다). 내가 그들을 만족시키지 못할 땐 불평과 불만을 쏟아내곤 했다. 조에 씨는 내가 이러한 문제로 침울해하는 모습을 보이니 이렇게 말해 주었다.

"그런 사람들 때문에 화낼 필요 없어요. 그런 사람은 보통 성공하지 못해요. 주의 깊게 관찰해 보세요. 사업에 성공한 사람들은 일반적으로 모두 적응력이 매우 강한 사람들입니다. 음식이든 여행 여정이든 고정적인 것을 좋아하지 않아요. 그들은 기꺼이 새로운 것을 받아들이고 용감하게 시도할 뿐만 아니라, 또 애써서 새로운 도전과 끊임없는 시도, 그리고 도전을 찾으며 그것을 통해 인생을 풍요롭게 살지요."

그 뒤 나는 익숙하지 않은 일을 의식적으로 시도하게 됐고, 그동안 싫어하던 취두부도 먹기 시작했다. 심리학을 공부해 보니 이

것이 바로 사람의 적응력이고 이것이 심리적 상태와 관련이 있다는 것을 알게 되었다.

내면의 신념이 외부 행동으로 나타난다

인간은 생존을 위해 항상 자신의 안전을 최대한 확보하기 때문에 자신의 몸에 밴 편안한 공간에서 살아간다. 새로운 것을 만날 때면 그것을 시도해 본 적이 없기 때문에 잠재의식은 자연스레 그것이 안전하지 않다고 판단해 거부하게 된다. 그래서 절대다수의 사람들에게 이러한 안전에 기초한 잠재의식은 평생 일정한 패턴 안에서 살게 한다.

이것이 바로 울타리를 돌파하기 어려운 이유다. 이런 결과는 당연히 우리의 생존 확률은 확보하지만, 인생이 풍요로워질 가능성도 박탈한다.

그럼 어떻게 바꿀 수 있는가? 나는 광동 사람인데, 광동 사람들은 고추를 먹으면 열이 오른다고 생각한다. 내가 어쩔 수 없이 고추를 먹을 때면 정말 금방 열이 올라왔기 때문에 우리 집 식탁에는 고추가 밥상에 올라오지 않았다. 그런데 어느 유명한 중의학 의사가 내게 고추를 많이 먹으라고 권했다. 남방이 습해서 고추가 이 습기를 빼내기에 딱 알맞다는 것이다. 그 후 고추를 먹어보니 신기하게도 고추 때문에 열이 오른 적은 없었다.

이를 통해 우리가 '한다'거나 '하지 않는다'는 것은 우리의 소신과 직결되는 것임을 알 수 있다. 나처럼 처음에는 열이 오른다고 손도 대지 않았던 고추를 그 의사의 말에 따라 먹게 된 것처럼 말이다.

우리의 외적인 행동은 내적인 신념이 드러난 것일 때가 많다. 송나라 초기의 도가 사상가 진단은 "행동은 내면에서부터 나오는데 행동을 살피면 불행과 복을 알 수 있다."라고 말했다. 행동의 고착화는 사실 내적 신념이 고착화된 것인데, 그 신념이 굳어 있을 때 우리는 같은 행동을 하는 데 익숙해지고, 비슷한 부류의 친구를 사귀며 같은 울타리 안에서 생활하게 된다. 우리의 울타리에 하나의 관점만 존재할 때, 우리가 접촉하는 사람, 보는 일, 서 있는 자리가 모두 같기 때문에 우리의 세계는 거기에서 멈출 수 있다. 왜냐하면 우리의 신념이 이미 우리의 세계에 벽을 쌓고 발전할 공간을 닫았기 때문이다.

공자는 "군자는 다른 사람과 잘 어울리되 자신의 의견은 굽히지 않는다."라고 했다. 생각이 폐쇄적인 사람은 항상 다른 사람은 잘못됐고, 자신은 옳다고 여기며, 자신과 다른 관념이라면 모두 단번에 잘라야 한다고 생각한다. 하지만 이는 자신이 듣고 싶은 것, 보고 싶은 것만을 보며 객관적이고 명확하게 자신을 바라보기 어렵게 만든다. 그리고 편안한 구역에 있는 것에 익숙해지며, 이 편안한 구역에 대해 점점 더 미련을 갖게 만든다. 세상은 이렇다고 생각하며, 사는 것이 어려워져도 자신의 세상은 이렇게밖에 안 된다고 생각한다.

반면, 생각이 열려 있는 사람은 다르다. 그들은 자신과 다른 사람의 관점이 달라도 허용한다. 입장에 따라 각도에 따라 관점이 다를 수 있음을 인정하기 때문이다. 다른 사람들의 다름을 포용하고 수용해야 많은 사람과 어울리며 협력할 수 있고, 자신이 속한 세상이 넓어진다. 그렇지 않으면 어떻게 울타리를 돌파할 수 있겠는가.

같은 것을 추구하고 다른 것을 배척하며 외부와 단절되는 것은 앞으로 인생에 펼쳐질 무한한 가능성을 차단한다. 세상은 변한다. 산천과 강, 초목과 꽃 그리고 열매는 모두 저마다 다른 삶의 방식이 있다. 인생도 마찬가지다. 자신과 다른 관점들을 항상 틀렸다고 여기지 마라. 영원히 옳은 관점은 없다. 세상의 다른 점이 있음을 인정해야 다른 각도로 볼 수 있고, 우리와 성격이 다른 사람을 받아들여야 우리의 울타리가 넓어지고 기회가 늘어난다. 그리고 울타리를 무너뜨릴 수 있다.

울타리가 무너지길 갈망하는 사람들은 더 많은 기회와 자원을 가진 사회 고위층 인사들을 만나기 위해 안간힘을 쓴다. 사실 그들을 알 기회가 생긴다 해도 서로의 인식은 이미 다른 층에 있기 때문에 울타리를 넓히고자 고위층 인사들을 만나라는 것이 아니다. 만약 소신을 바꾸지 않으면 하늘이 더 많은 기회를 준다고 해도 결국 기회를 밀어낼 수 있기 때문이다. 마치 내가 고추 먹기를 거부했던 것처럼 기회를 문밖으로 내보낼 것이다.

신념은 대부분 윗세대와 전통문화에서 내려오는 것으로, 일단 신념이 잠재의식에 자리 잡으면 행동으로 드러나게 된다. 생활 속에서 울타리의 고착화는 사실 본질적으로 신념의 고착화이므로 울타리를 부수는 것은 '내적 신념'을 바꾸는 데서 시작할 수 있다. 신념의 겉모습은 습관적인 행동이기 때문에 가장 간단하고 효과적인 돌파법은 다음과 같다.

1. 시각 돌파

평소엔 입지 않던 옷을 입어 보고, 과거 스타일과 전혀 다른 헤어스타일로 바꾸고, 좋아하지 않는 영화(당연히 고전영화를 선택하고, 조잡한 불량 영화에 시간을 낭비하지 않도록 하라)를 보러 가는 것도 한 번쯤 시도해 보자.

2. 청각 돌파

평소에 좋아하지 않는 장르, 예를 들면 교향악 같은 장르를 들어보자. '듣기 싫다'는 결론을 급하게 내리지 마라. 유명 음악가의 작품이 많은 사람에게 인기를 끄는 데는 그만한 이유가 있을 것이다. 자신과 다른 관점을 들어본다. 반박을 서두르지 말고 호기심을 가지고 찾아라. 다른 사람의 관점에도 흥미로운 점들이 많다는 것을 발견할 수 있다.

3. 미각 돌파

이전에 시도해 보지 못했던 음식을 먹어 보자. 예를 들어 두리안, 취두부, 낫토 등 이런 음식이 그렇게 많은 이들에게 사랑을 받는 데는 특별한 이유가 있을 것이다.

4. 행동 돌파

이전에 하지 않았던 일들을 해 보자. 당연히 합법적이고 합리적이며 타인에게 해를 끼치지 않는 범위 안에서다. 세계 각지를 돌아다니며 다른 지방과 다른 민족의 문화를 이해해 보자. 시야가 넓어지면 자연히 내면의 세계도 열릴 것이다.

이러한 작은 것에서부터 자신의 틀을 열어 볼 수 있다면, 점점 더 다양한 사람들을 받아들이게 되고 그들의 관점과 가치관을 받아들일 수 있게 된다. 자신의 세계와 다른 관점, 다른 목소리가 있다는 것을 받아들일 때 인간관계도 자연스레 열린다.

인생이란 대부분 밥 먹고 술 마시는 일과 같다. 원래는 먹지 않던 음식을 막상 시도해 보면 어느 날 갑자기 그것과 사랑에 빠질 수도 있다. 나는 두리안 같은 경우 처음에는 그 맛에 거부감이 컸지만, 지금은 두리안이라는 과일은 내가 가장 사랑하는 과일 중 하나가 되었다. 음식처럼 사람도 그렇다. 어떤 사람을 처음 만났을 때 두리안처럼 그의 특성을 받아들이기 힘들지 몰라도 마음을 열고 모든 것을 기쁘게 받아들여 자신과 그에게 기회를 준다면 아마도 그는 일생에 귀한 사람이 될 수도 있을 것이다.

동시에 우리가 울타리를 열면 다툼도 줄어든다. 사회생활의 인간관계와 부부간에서 이른바 많은 사람이 '성격 차이'로 인해 고통을 겪는다. 비즈니스 파트너 관계에서도 많은 이들이 갈라서는 것도 '생각의 불일치' 때문이다. 세상에 완전히 생각이 같은 사람은 없다는 것을 알아야 한다. 만약에 생각이 다른 사람과 어울릴 줄 알게 되면 세상에는 충돌과 갈등이 적어진다.

모두 이런 제한적 신념을 각성하고 돌파하기를 바란다. 고착화된 신념을 버릴 때 우리 인생을 제약하는 울타리는 사라지게 마련이다. 이것은 인류 공통의 숙제이기도 하다.

✦

"세상은 변한다.

산천과 강, 초목과 꽃 그리고 열매는

모두 저마다 다른 삶의 방식이 있다.

인생도 마찬가지다.

자신과 다른 관점들을 항상 틀렸다고 여기지 마라.

영원히 옳은 관점은 없다."

'마음'의 변화로
고통에서
벗어나다

3장

당신이 생존을 위해 무엇을 하는가는
내게 중요하지 않다.
당신이 무엇 때문에 고민하고 있고,
자신의 가슴이 원하는 것을 이루기 위해
어떤 꿈을 간직하고 있는가 나는 알고 싶다.
당신이 몇 살인가는 내게 중요하지 않다.

나는 다만 당신이 사랑을 위해
진정으로 살아 있기 위해
주위로부터 비난받는 것을
두려워하지 않을 자신이 있는가 알고 싶다.
어떤 행성 주위를 당신이 돌고 있는가는 중요하지 않다.
당신이 슬픔의 중심에 가 닿은 적이 있는가
삶으로부터 배반당한 경험이 있는가
그래서 잔뜩 움츠러든 적이 있는가
또한 앞으로 받을 더 많은 상처 때문에
마음을 닫은 적이 있는가 알고 싶다.

(……)

그리고 당신이 자기 자신과 홀로 있을 수 있는가

고독한 순간에 자신과 함께 있는 것을
진정으로 좋아할 수 있는가 알고 싶다.

-오리아 마운틴 드리머, 『초대』

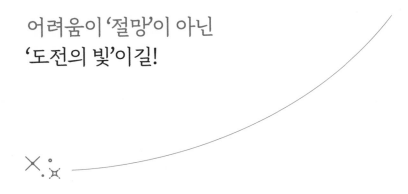

어려움이 '절망'이 아닌
'도전의 빛'이길!

고난을 해결하는 것만이 가장 좋은 방법은 아니다

인생 길을 걷다 보면 어려움을 겪을 수밖에 없다. 그 순간 모든 상황은 정말 사람을 매우 곤혹스럽게 하지만, 미래의 관점에서 그 어려움을 본다면 아마도 운명의 계획에 감사할 일들도 많다. 바로 이러한 어려움이 인생에 또 다른 즐거움을 더하기 때문이다. 왜 이렇게 말할 수 있을까?

농촌에서 태어난 나는 그 시절 농촌을 벗어나는 유일한 방법이 학교에 다니는 것임을 알았다. 당시 내가 몸담았던 마을은 영어

182

선생님이 없어 중학교 3년 내내 영어를 배우지 못했다. 그래서 시골을 벗어나는 방법은 사범고등학교에 가는 것이었다. 왜냐하면 사범고등학교는 영어 시험을 볼 필요가 없었기 때문이다. 그때 내 성적은 줄곧 반에서 1, 2등을 고수했으므로 선생님과 친구들, 그리고 나 자신까지 반드시 사범고등학교 합격은 의심을 하지 않았다. 그런데 중학교 시험 성적이 나왔을 때, 나는 오히려 얼떨떨해졌다. 반 전체에서 5명이나 사범학교에 합격했는데 거기에 내 이름은 없었던 것이다.

시골을 벗어날 수 있는 유일한 희망은 깨졌고 식은땀이 모든 모공에서 한꺼번에 나오며 몸이 덜덜 떨렸다. 하늘이 무너지고 심장이 오그라드는 것 같았던 그때의 기억이 아직도 생생하다. 그러나 지금 돌이켜보니 만약 내가 원하던 대로 사범고등학교에 진학했다면 지금쯤 농촌의 어느 초등학교 선생님을 하고 있었을 것이다. 초등학교 선생님이 나쁘다는 것은 아니지만, 지금처럼 세계 각지를 돌아다니며 시야를 넓힐 기회가 있으리란 법은 없다.

고난 앞에서 누군가는 용기, 사랑, 심지어 생명까지 포기하는 사람이 있는가 하면, 누군가는 마주하고, 감당하고, 돌파하는 쪽을 선택한다. 선택에 따라 결과가 달라질 것이고, 누구에게나 현재의 삶은 과거의 모든 선택의 결과이다.

어려움에 직면했을 때 우리는 어떻게 선택해야 할까? 먼저 작은 이야기를 하나 보자.

옛날 어느 시골마을에 두 명의 가난한 수재가 함께 자라서 과거 시험을 보러 한양에 가게 되었다. 길을 가다가 두 사람은 앞에 가로놓인 강을 발견했다. 난관에 봉착해 해결하려는 이들의 첫 반응은 배를 찾는 것이었다. 그래서 그들은 각각 상류와 하류로 가서 배를 찾고, 먼저 배를 구하는 사람이 원래 자리로 와서 다른 한 명을 기다리기로 약속했다.

갑이라는 수재는 하류로 내려갔다. 그는 어느 마을에 와서 마을 사람들에게 어디에 배가 있는지 물었다. 마을 사람들은 그에게 마을에는 배가 없다고 알려 주었다. 난관 앞에서 그는 배가 없으니 배를 잘 만드는 사람을 찾아야겠다고 생각했다. 그는 마을 사람들에게 이 근처에 배를 만들 줄 아는 사람이 있느냐고 물었다. 마을 사람들은 그에게 이웃 마을의 목수가 배를 잘 만든다고 알려 주었다. 수재는 마을 사람들의 안내로 목수를 찾아 자신을 도와 배 한 척을 만들어 줄 수 있느냐고 물었다. 목수는 그에게 배를 만들 수는 있지만, 수중에 목재가 없다고 말했다. 다시 목재가 어디 있는지 묻자, 8리 떨어진 곳에 목재가 많이 나는 마을이 있다고 했다. 그래서 부리나케 다시 8리 길을 걸어 그 마을을 찾아가 목재를 샀다. 그런데 목수의 집에 어떻게 목재를 가져다 놓을지 또 어려움

184

이 생겼다. 목수의 집으로 목재를 옮기고 배를 다 만들려면 십여 일 어쩌면 한 달이 걸릴지도 모르는 일이었다.

배를 찾으러 상류로 향하던 수재 을도 마을 사람들을 만나 같은 질문을 던졌다. '배가 없다'는 마을 주민들의 대답은 똑같았다. 하지만 을은 "배가 없는데 어떻게 강을 건넜느냐?"고 다른 질문을 던졌다. 그의 초점은 배가 아니라 '강을 어떻게 건너느냐'에 맞춰져 있었다. 마을 사람들은 "이 강은 깊지 않으니 상류로 2리만 더 가면 걸어서 강을 건널 수 있다. 강을 건널 때는 상류로 건너간다."라고 말했다.

그렇게 을은 강을 건널 방법을 찾았고, 약속했던 자리에 돌아와 친구를 기다렸다. 하지만 갑은 아무리 기다려도 오지 않았다. 갑은 목수의 집에 있을 수도 있고, 목재를 사는 길에 있을 수도 있었다. 분명한 점은 그가 또 하나의 문제에 막혀 고전 중이라는 것이었다. 날이 저물자 동료를 기다리지 못한 을은 할 수 없이 홀로 강을 건너 상경하여 시험을 치렀다. 갑은 결국 모든 어려움을 해결하고 강을 건넜지만 시험을 치르지는 못했다.

이 이야기에서 우리는 어려움에 대처하는 두 가지 경로를 분명히 볼 수 있다. 사실 어떤 어려움은 근본적으로 해결할 필요가 없다. 우리가 성장하고 능력이 향상되면 그 앞을 가로막는 어려움은 더 이상 어렵지가 않게 되는 것이다. 1학년 초등학생에게 '34-12=?'는 어려운 문제지만 3학년이 되면 이 문제는 식은죽 먹기다. 문제는 바뀌지 않았지만 문제를 푸는 능력이 향상되어 원래의 어려움이 더는 어렵지 않게 된 것이다.

어려움을 직면하는 가장 좋은 방법이 반드시 어려움을 해결하는 것만이 아니라는 것을 알 수 있다. 우리는 먼저 자신에게 내가 도달하고 싶은 결과가 무엇인지 물어보자. 어떤 결과를 얻으려면 그 결과를 달성하는 데 필요한 능력을 배우고, 능력이 향상되면 자연히 어려움은 해결된다. 그래서 우리가 해야 할 일은 어려움을 해결하는 것이 아니라, 원하는 결과에 '어떻게 도달할 것인가'이다.

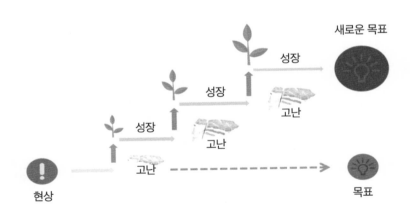

위의 그림은 우리가 원래 설정한 목표가 작은 목표에 불과하기에 우리가 어려움에 처했을 때 끊임없이 노력하면서 계속 걷다 보면 더 큰 목표를 이룰 수 있다는 것을 단적으로 보여 준다.

뜻이 있는 곳에는 에너지가 따라온다

일반적으로 어려움에 처했을 때 통상적인 반응은 어려움을 해결하는 것이다. 그러나 우리가 어려움을 해결하는 데 초점을 맞출 때 어려움이 더 많아지는 것을 발견할 수 있다. 그러나 자신이 성장하여 더 많은 능력, 더 많은 자원을 갖게 되면 원래의 어려움은 더 이상 해결할 수 없는 것이 아니다. 이것은 길을 걸을 때 발을 높이 들지 못하면 도로에 있는 돌멩이에 걸려도 넘어질 수 있다. 그러나 발을 높이 들어 디딜 때 그 바위는 걸림돌이 아니라, 디딤돌이 된다. 더 많은 돌을 밟을 때, 그것들은 계단식으로 쌓일 것이다. 계단을 밟고 올라가면서 우리의 인생은 점점 높아질 것이다.

그래서 인생에서 겪는 어려움이 걸림돌인지 디딤돌인지는 돌이 결정하지 않고 우리가 결정하는 것이다. 인생은 높은 봉우리를 오르는 것과 같고, 어려움은 디딤돌과 같다. 만약 성장의 길을 선택한다면, 우리가 직면한 모든 어려움은 인생의 디딤돌이 될 것이며, 그것은 성공으로 가는 사다리가 될 것이다.

자연 속의 진화가 그렇다. 인류가 영장류에서 직립의 지능이 높은 동물로 진화할 수 있었던 것은 인류 발전의 어려움이 인간의 지혜를 촉발하여 인간을 똑똑하게 만들고, 더 높이 나아가게 했기 때문이다. 고난 덕분에 우리 인류는 진화하고 발전할 수 있었다. 역사적으로 볼 때 인류에게 어려움은 자연이 우리에게 준 선물이고, 자연이 우리를 성장시키고 진화시키는 한 방식이다. 개인에게도 우리가 겪는 어려움 하나하나가 인생을 더 좋게 만드는 사다리다.

그렇다면 어려움에 처했을 때 어떻게 걸림돌을 디딤돌로, 어려움을 성장의 사다리로 바꿀 수 있을까?

첫째, '어려움'을 재정의해야 한다. 우리가 어려움을 어려움으로 여기고 해결해야 할 문제로 삼으면 가슴이 답답해지고 무력감이 생긴다. '어려움'을 '문제'라고 생각하는 대신 '도전'이라고 할 때 우리는 투지가 넘치고 힘이 생긴다.

둘째, '문제'에서 '결과'로 초점을 옮겨 '내가 진짜 원하는 게 무엇인가?' 하고 그 결과를 스스로에게 물으라. 위기 앞에서는 '위기' 자체에 에너지를 소모하지 않고 목표에 집중하라. 앞의 사례 두 수재 중 을은 갑처럼 문제 해결에 초점을 맞추지 않았다. 그는 강을 건너서 목적지에 도착해 시험을 보는 것이 목표였고 거기에 집중했다.

뜻이 있는 곳에는 에너지가 따라온다. 자신의 초점이 있는 곳에 에너지가 있고, 자신의 인생이 있다. 만약 어려움에 초점을 맞추면 당연히 인생에는 어려움이 많을 것이다. 그러나 '결과'에 집중한다면 큰 결실을 보게 될 것이다.

진정 무서운 것은 어려움이 소망을 가려 버리는 일이다

어려움에 처했을 때, 그것을 자신의 능력을 향상시키는 '도전'으로 전환하고, 매번 도전하여 자신을 다듬고, 능력 향상을 촉발한다면 더 나은 자신을 만나게 될 것이고 인생은 자연히 더 나아질 것이다. 설령 지금 순풍에 돛을 단 듯 하더라도, 스스로를 위해 일부러 도전해 볼 수 있다. 도전하지 않는 삶은 아무 일도 일어나지 않기 때문이다. 헬스 트레이너는 이런 일을 가장 잘한다. 회원들이 녹초가 될 때마다, 트레이너는 계속 도전하도록 옆에서 격려한다. 매번의 도전 속에서 신체 기능은 예상치 못한 능력을 발휘하게 된다.

인생도 마찬가지다. 어떤 어려움에 처하더라도 이것은 생명이 우리에게 주는 도전이라는 것을 기억하라. 도전에 성공한다면, 예상치 못한 놀라움이 삶의 모퉁이에서 나타날 것이다. 만약 잠시 원하는 것을 얻지 못했다면 앞으로 더 좋은 것을 얻을 수 있다고 생각하라. 전제는 움츠러드는 것보다는 성장하는 것을 선택해야 한다는 것이다.

 인도 철학자 타고르의 말처럼 당신이 오늘 받은 고통, 손해, 책임, 짊어진 죄, 아픔이 마지막까지 빛으로 변해 당신의 길을 밝혀 줄 것이다. 그래서 나는 지금 시험을 잘 못 본 아이들과 어려움을 겪고 있는 친구들에게 일시적인 어려움은 두려운 것이 아니고 무서워하는 것은 포기하는 것이며, 어려움이 모든 희망을 가리는 것이라고 말해 주고 싶다.

✦

"고난 앞에서 누군가는 용기, 사랑, 심지어 생명까지
포기하는 사람이 있는가 하면,
누군가는 마주하고, 감당하고, 돌파하는 쪽을 선택한다.
선택에 따라 결과가 달라질 것이고,
누구에게나 현재의 삶은 과거의 모든 선택의 결과이다."

지나간 것은 지나간 대로
의미가 있다

시간이 마음에 입은 상처까지 지워 주지는 못한다

몸에 생긴 흉터는 의료 과학 기술을 통해 없앨 수 있지만, 마음에 입은 상처는 어떨까? 그 상처는 가슴 깊은 곳에 쉽게 알아차릴 수 없는 흉터로 남아 있을지 모른다. 자주 떠올리지는 않아도 영원히 잊히지 않는다. 마치 관절염처럼 어느 날 비가 내리는 고요한 밤에 어렴풋이 아파온다. 사건은 지나갔지만, 감정은 시간이 지나도 사라지지 않기 때문이다.

"정신적 상처는 감춰지긴 하지만 절대 입을 다물지 않는 특징이 있다. 그것은 당신을 영원히 고통스럽게 하고, 건드리면 피를 흘리며 영원히 가슴에 남는다."

알렉상드르 뒤마가 『몽테크리스토 백작』에 쓴 이 말은 마음에 입은 상처의 본질을 정확하게 말해 준다. 살면서 우리는 늘 시간이 모든 것을 해결해 줄 거라는 말을 듣는다. 그러나 심리학적 측면에서 마음의 상처는 그림자처럼 따라다니고, 세월은 상처를 더 또렷하게 만든다.

한 수강생은 어렸을 적 부모님이 부부싸움을 할 때마다 쭈그리고 앉아 힘없이 울었다고 한다. 하늘을 바라보며 부모님이 싸우지만 않는다면 자신의 수명을 줄여도 좋다고 기도했다는 것이다. 어린 시절의 이 그늘은 그에게 부모와 같은 길을 걸을까 싶어 결혼을 두려워하게 했다. 연애를 하다가도 상대방과 말다툼해 부모처럼 티격태격하다 보면 관계가 깨질 것 같다는 두려움에 사로잡혔다. 그래서 비참하게 끝날 바에야 차라리 시작도 하지 말아야 한다고 생각했다.

이런 사례는 강의하는 중에 셀 수 없이 많이 만난다. 어린 시절의 '그림자'는 컵에 소금을 한 숟가락 넣는 것과 같아서 시간이 갈수록 희미해질 수는 있지만 시종 달콤하게 바꾸지는 못한다.

저명한 정신분석가인 프로이트는 상처를 받은 경험, 특히 어린 시절에 상처를 받은 경험은 그 사람의 일생에 중요한 영향을 끼친다고 말한다. 트라우마는 나무판에 못을 박아 뺐다고 해도 그 흔

적이 남아 있는 것과 같다. 순탄한 인생을 사는 사람이 어디 있겠는가. 또 가슴속 깊은 상처를 딛고 일어서 본 사람은 얼마나 많은가!

흉터는 우리를 일깨우고 보호하기 위해 존재한다

어떻게 해야만 마음의 흉터를 치유할 수 있을까? 우선 몸의 흉터에 대해 살펴보자.

수지 여사는 심리 건강과 신체 건강의 관계를 연구하는 데 전념하는 심리학자이다. 그녀는 사고로 몸에 큰 상처를 입었지만 흉터가 거의 사라진 경험을 한 적이 있었다. 어느 날 자전거를 타고 가던 중 돌멩이에 부딪혀 순간 넘어졌다. 얼굴 전체가 땅에 닿아 단단한 돌이 그녀의 얼굴에 큰 상처를 냈다. 보통 사람이 그렇게 심한 상처를 입으면 반드시 큰 흉터가 남았겠지만 그녀는 거의 예전의 피부로 돌아왔다. 어떻게 그럴 수 있었을까?

의사는 그녀에게 "당신의 얼굴에 흉터가 하나 남을 것 같은데 평생 사라지기 어려울 것 같습니다."라고 말했다.

그녀는 "아닙니다. 그러지 않을 거예요. 피부는 예전처럼 매끈해질 거예요."라며 의사에게 말했다. 그녀는 어떻게 이렇게 긍정적일 수 있었을까? 이는 그녀가 계속해서 신체와 심리 간의 관계를 연구했기 때문이다. 그녀는 몸에 흉터가 생기는 것은 다시는 같은 실수를 저지르지 않도록 일깨워 주기 위해서란 사실을 알았다. 상처를 통해 배우고 성장하고 다시는 같은 실수를 저지르지 않겠다는 다짐을 자기 신체에게 한다면 흉터는 존재할 이유가 없어진다. 그리하여 상처가 회복되는 동안 그녀는 매일 자신의 잠재의식과 소통했다.

"나를 사랑해 줘서 고맙고 지켜 줘서 고마워. 자전거를 탈 때는 딴생각 하지 말고 주변 상황에 집중할게. 많은 것을 이번 경험을 통해 배웠어. 고마워. 이제 알았으니까 깨우쳐 줄 필요 없어."라고 말했다.

흉터는 잠재의식이 우리를 보호하기 위해 남긴 자국으로 우리가 교훈을 기억해서 같은 실수를 하지 않게 한다. 마음의 상처도 마찬가지다. 어떤 일들은 우리가 이미 지나간 일이라고 생각해도 여전히 생각하면 가슴이 미어지게 아프다. 이런 아픔이 바로 마음의 상처다. 이 상처가 남는 이유는 바로 앞으로 다시는 같은 실수를 반복하지 않도록 하기 위한 잠재의식이 주는 통증이다.

그러나 흉터는 우리를 같은 상처로부터 보호하는 동시에 우리가 어려움을 이겨내고 인생을 발전시키는 것을 제한하기도 한다. 이런 흉터들이 치유되지 않으면 장벽이 쌓이고, 안전은 하겠지만 반면, 매우 제한된 공간에 스스로를 가둬 버릴 수 있다.

한 여성이 남성에게 폭행을 당한 적이 있다면 마음속에 흉터가 남는다. 세월이 흐를수록 그 상처는 숙성되어 점점 복잡한 감정을 띠는 '흉터'가 된다. 그래서 그녀와 남성 사이를 가로막는다. 이 흉터가 생긴 목적은 그녀가 이성에게 폭행당하는 것을 방지하고, 같은 일이 일어나지 않도록 하는 데 있다. 하지만 이 '흉터'는 그녀를 보호하는 동시에 결혼에 방해가 되기도 한다. 잘못된 투자로 파산하여 영원히 업계를 떠났던 사람의 흉터는 자녀들이 사업하는 것을 막고 평생 안전지대에 머물기를 바란다. 한 번의 실패가 일생을 포기하게 만드는 것이다.

심리학적으로 보면 누구나 인생을 더 잘 살 수 있다. 이는 우선 마음속 흉터를 치유하고 안전을 위해 스스로 쌓아 올린 벽을 허물어야 한다. 흉터는 잠재의식이 주는 일종의 깨우침이자 보호이다. 그것을 없애려면 오직 그 '사명'을 충실히 수행해야 한다. 만약 우리가 매번 상처로부터 배우고 성장하며 이와 같은 상처가 재발하지 않도록 조치할 수 있다면 흉터는 존재할 이유가 없다. 수지 선생님처럼 상처를 입은 뒤 자신을 어떻게 보호해야 하는지를 알게 되면 몸에 더 이상 흉터가 거의 남지 않는 것처럼 말이다.

몸이 그렇듯이 마음도 그렇다. 앞의 예시처럼 폭행을 당한 여성의 경우, 만약 그녀가 상처로부터 배우고 성장할 수 있었다면 그녀는 그때부터 자신을 보호하는 법과 좋은 사람과 나쁜 사람을 구별하는 법을 알게 되었을 것이다. 그렇다면 잠재의식은 그녀를 보호하기 위해 오랫동안 마음속에서 고통을 느끼게 할 이유가 없다. 그리고 새로운 남자를 만날 마음이 생겼을 것이다. 왜냐하면 그녀는 스스로 보호할 능력이 있고 모든 남성이 악마가 아니라는 것을 알기 때문이다.

마찬가지로 기업가가 파산 이후 투자의 노하우를 깨달았다면 다시는 같은 실수를 저지르지 않을 교훈을 얻은 것이다. 그럼 그는 그 상처를 치유하고 다시 시작할 수도 있을 것이다. 에디슨은 전등을 발명할 때 1,600가지 재료로 필라멘트를 만들다가 실패했지만 새로운 재료로 끊임없이 시도했다. 그가 이렇게 할 수 있었던 것은 실패에서 배운다는 신념이 있었기 때문이다. 그에겐 실패는 없고 피드백만 있었기 때문이다.

지나간 것은 결국 아름다운 추억이 된다

그렇다. 실패는 없고, 피드백만 있을 뿐이다! 인생이 계속되는 한 우리가 경험하는 모든 일은 하나의 과정이며, 모든 일을 통해 배울 수 있다. 우리가 배우고 성장할 수만 있다면 마음의 흉터는 치유될 수 있다. 그래서 상처를 다시 받았을 때 스스로에게 배운 것을 상기하며, "이 일로 나는 무엇을 배웠나? 어떻게 이런 일이 재발하지 않도록 할 것인가?" 하고 반문하라.

물론 과거의 흉터들이 이런 이치를 안다고 해서 해결되지는 않는다. 진정한 변화는 의식 차원이 아니라 잠재의식 차원에서 이루어지기 때문이다. 잠재의식에 들어가려면 전문적인 능력이 필요하다. 얼굴에 흉터가 생기면 전문 의료진을 찾듯이 마음의 흉터도 전문가를 찾으면 도움이 된다. 심리학 전문가가 쾌유를 도와줄 것이다.

어떤 사람은 과거의 일은 돌이킬 수 없다고 한다. 사실 상처의 이면에는 무한한 '자원'이 숨어 있다. 만약 용기를 내서 이러한 어려움을 직면할 수 있다면, 이 여정을 통과할 수 있다면, 생각지도 못한 수확을 얻을 수 있다. 어떻게 '통과'할 수 있을까? 한마디로 어려움에 처했을 때 그것을 직면하고 받아들이고 책임을 지고 해결하고 내려놓고 그 속에서 즐거움을 만끽하고 그 속에서 배우고 성장하면 된다. 그러면 그것들 하나하나가 현재를 의미 있게 만든다. 치유되길 원하고, 통과하길 원한다면 푸시킨^{Aleksandr Pushkin}의 말처럼 '지나간 것은 결국 아름다운 추억이 될 것'이다.

✦

"실패는 없고, 피드백만 있을 뿐이다!
인생이 계속되는 한,
우리가 경험하는 모든 일은 하나의 과정이며,
모든 일을 통해 배울 수 있다."

마음이 허기진 사람이 사랑에 실패하는 이유

내면에 결핍이 있는 사람은 사랑하기 어렵다

'인생 소프트웨어 업그레이드' 수업에서 한 여학생이 나를 찾아 왔다. 그녀는 나에게 가정폭력의 고통을 호소했다. 남편은 그녀를 무척 괴롭히며 자주 때렸다. 그녀는 이혼하고 싶었지만, 아이가 아직 어리고 아이에게 상처를 주고 싶지 않아서 결혼생활을 고통 스럽게 유지해 오고 있다고 했다.

그녀는 왜 폭력적인 남자와 결혼했을까? 치료를 진행하면서 나 는 최면으로 그녀를 어린 시절로 데리고 갔다. 그러자 그녀가 고 통을 호소하는 상대가 남편에게서 아버지로 바뀌기 시작했다. 알고 보니 그녀의 아버지 또한 폭력을 행사한 것이다. 그녀가 가장 참기 힘들었던 것은 아버지가 어머니를 때리는 일이었다. 당시 그녀는 힘없는 어린아이라 할 수 있는 일이 없었고 이에 아버지에 대한 깊은 한이 내재돼 있었다.

여러분은 아마도 의아할 것이다. 왜 어린 시절 그녀는 폭력을 그토록 싫어했는데 성인이 되어 아버지와 같은 사람과 결혼했을까? 이는 욕구를 사랑으로 착각한 결과이다. '욕구를 채워 주는 것을 사랑으로 착각'한다는 것은 무슨 의미일까? 이 문제에 대답하려면 우선 욕구가 무엇인지 살펴봐야 한다.

욕구는 두 부분으로 나뉜다. 첫 번째는 '욕구'라 하고, 영어로는 'need'라고 한다. 두 번째는 '갖고 싶다'로 영어로는 'want'다. 예를 들어 강의 후 갈증을 해소하기 위해 물 한 잔이 필요한데, 여기서 물은 바로 내가 필요로 하는 것이다. 그런데 내가 목이 마를 때 머릿속에 떠오른 것이 물이 아니라 차나 과일주스, 혹은 다른 것일 수 있는데, 이를 '원하는 것'이라고 한다. 원하는 것은 우리 뇌가 성장하면서 문화, 광고, 선생님 혹은 친구들의 가치관에 영향을 받아서 형성되는 고착화된 욕구이다.

그렇다면 사랑이란 무엇인가? 내가 목이 말라서 물을 한 잔 마시고 나니 더 이상 목이 마르지 않는다. 그런데 그때 주위에 있던 누군가도 나와 같은 필요가 있을지도 모른다는 것을 알아차렸다. 그래서 내 안에서부터 자비심이 생겨서 기꺼이 물을 한 잔 따라 그에게 보내는 것이 바로 사랑이다. "마음이 어진 사람은 타인을 사랑한다."라는 말은 사람이 자신을 넘어서서 타인의 필요를 감지해서 다른 사람을 위해 할 수 있는 일을 하는 것을 말한다. 이때 우리는, 그 사람은 사랑이 넘친다고 말한다.

반대로 마음에 결핍이 있는 사람은 그 내면의 결핍을 채우기 위해 주변 사람들에게 끊임없이 요구한다. 결핍이 있는 사람은 사랑을 주기가 어렵다. 그런 사람은 자신의 필요만을 생각하며 이곳저곳에서 자신의 필요를 채워 줄 누군가를 찾는다. 일단 자신의 필요를 충족시켜 줄 수 있는 사람을 만나면, 그는 진정한 사랑을 만났다고 착각한다. '필요'를 채워 주는 것을 '사랑'으로 착각하는 것이다.

필요를 채워 주는 것을 사랑의 대가로 착각하는 것은 큰일이다. 어릴 적 폭력에 시달렸던 그 수강생의 이야기로 다시 돌아가 보자. 그녀는 왜 자라서도 폭력적인 남자와 결혼했을까? 어떤 이는 이런 현상을 운명의 탓으로 돌린다. 이것이 운명이라면 그녀의 운명은 사랑 때문에 결혼하는 것이 아니라, 결혼을 통해 단지 자신의 필요를 충족시켰을 뿐이라는 '사랑과 필요'라는 원리로 설명할 수 있다.

이렇게 말하는 이유는 뭘까? 그녀를 어린 시절로 데려가 보니 당시의 그녀는 아빠를 바꾸고 싶었지만 아직 어린아이였기에 강한 아빠를 상대할 수 없어서 어쩔 수 없이 가슴에 묻었고 이것이 못다 한 기대(필요)로 변했다는 걸 발견했다. 자라면서 그녀의 잠재의식은 그녀가 이루지 못했던 바람을 성취하기 위해 폭력적인 성향의 남자를 선택하도록 유도할 것이다. 마치 목이 말라서 콜라를 마시고 싶어 하는 사람처럼 그의 마음속에는 콜라만이 그의 필요를 충족시킬 수 있는 것이다.

배가 고플 때 우리는 여기저기로 먹을 것을 찾아다닌다. 사실 우리의 정신과 마음도 마찬가지다. 몸이 계속 자라기 위해선 충분한 영양분이 계속 보충되어야 한다. 마찬가지로 마음이 자라기 위해서도 정신적인 영양분이 필요하다. 이러한 정신적인 영양분을 '심리 영양분'이라고 부른다. 예를 들면 사랑, 인정, 칭찬, 수용 등이다. 그런데 어떤 사람은 어릴 때부터 사랑을 충분히 받지 못하고 가족의 따뜻함을 느끼지 못하는 환경에서 자란다. 어릴 때부터 부족했던 심리적 영양분은 성인이 된 후에도 내면에 결핍이 있는 사람이 되어서 끊임없이 자신의 필요를 채우기 위해 사랑을 찾는다. 그리고 결국엔 필요를 채워 주는 것을 사랑으로 착각하고 평생 그 대가를 치르게 되는 것이다.

결혼생활의 성공과 행복은 반드시 자신으로부터 시작된다

사랑과 결혼에서 선택이 중요하다. 잘못된 선택이 가져다준 재앙은 자신이 감당해야 할 뿐만 아니라 자신의 가족에게까지 직접적인 영향을 미친다. 왜냐하면 사랑과 결혼에서 저지른 모든 잘못을 자녀가 책임질 수 있기 때문이다.

행복한 사랑과 결혼은 한 사람의 인생만이 아니라 한 가정의 미래를 결정짓는다. 남자는 잘못된 길을 가는 것을 두려워하고, 여자는 배우자를 잘못 만나는 것을 두려워한다. 좋은 배우자를 선택하는 것은 일생의 행복을 결정한다.

앞으로 설명할 사랑의 법칙은 결혼을 한 사람이든 아니든 행복한 삶을 꾸리게 도와줄 것이다. 그 시작은 자신을 '치유'하는 데서부터 시작된다.

내면이 결핍된 사람은 좋은 사랑을 할 수 없다. 또한 내면이 결핍된 사람은 내면에 사랑이 넘치는 사람을 만날 수 없다. 사람은 자신과 닮은 사람과 연결되기 때문이다. 치료란 자기 자신을 알아차리는 것에서부터 시작된다. 망치 하나만 들고 있는 사람에게는 눈앞에 모든 것이 못으로 보인다. 만약 우리가 상대의 변화만을 기대하며 더 나은 사람을 만나기를 바라면서 스스로는 변화하려고 하지 않고 더 나아지지 않는다면, 혹시나 찾아낸 괜찮은 사람도 단지 하나의 못일 뿐이다. 아무리 좋아 봤자 화려하게 포장된 못일 뿐이라는 것을 알게 될 것이다.

결혼생활의 성공과 행복은 반드시 '자신'으로부터 시작된다. 더 나은 사람을 만나고 싶다면 자신이 더 나아지는 것부터 시작하라. 설사 이미 결혼을 했더라도, 자신이 점점 더 훌륭해지고 점점 더 아름다워진다면 상대방도 그 영향을 받아 점점 더 발전하고 좋아 질 것이라고 믿는다.

절대 더는 욕구를 채워주는 것을 사랑이라고 여기지 마라. 설령 잠시 욕구를 충족시킬 수는 있어도 일생을 만족시킬 수는 없다. 자신 안에 사랑이 충만할 때 비로소 사랑이 충만한 사람을 만날 수 있다. 자신을 사랑하고 자신 안에 사랑이 충만하도록 하는 것 이 행복한 가정의 시작점이다.

✦

"더 나은 사람을 만나고 싶다면,
자신이 더 나아지는 것부터 시작하라.
지금 이 순간부터
자신을 더 좋게 발전시키고, 책임지고, 성장하고,
사랑하고 사랑받을 수 있는 능력을 향상시키고,
남을 지혜롭게 사랑하도록 노력하라."

안전지대를 벗어나면
비로소 보이는 것들

99개국을 돌며 돈까지 번 그녀

어느 날 우연히 이런 글을 보았다.

> 당신이 파워포인트로 작성할 때,
>
> 알래스카의 대구는 수면 위에서 펄떡이고,
>
> 당신이 보고서를 볼 때,
>
> 메리 설산의 황금원숭이는 나무 꼭대기에 올라가고,
>
> 당신이 지하철을 비집고 들어갈 때,
>
> 티베트의 매는 구름 위를 맴돌고,

당신이 회의 중 언쟁할 때,

네팔의 배낭 여행객들은 술잔을 들고 모닥불 옆에 앉아

담소하고 있다.

하이힐을 신고는 가지 못하는 멋진 길이 있고,

향수를 뿌리는 것보다 더 맑고 상쾌한 공기가 있고,

사무실에서는 영영 만나지 못할 법할 사람들을 길에서

만날 수도 있다.

　나는 세계를 여행하는 것을 좋아하고, 또한 좋은 여행지를 다니는 많은 친구를 알지만, 이 글을 보았을 때 내 머릿속에 떠오른 것은 한 소녀의 그림자였다. 늘씬한 몸매에 날렵하고 강인한 눈망울을 가진 그녀는 차분하고 수려한 단발머리의 앳된 얼굴을 가졌다.

　그녀를 처음 만난 것은 NLPNeuro-Linguistic Programming(이론적 접근보다 행동과 말하기 방법을 실천하게 하여 뇌의 변화를 일으키는 기법) 멘토 수업에서였다. 그는 "저는 언론인인데 선생님이 단체를 이끌고 30여 개국을 답사해 본 경험이 있는 것을 알고 궁금했어요."라고 말했다. 자신도 99개국을 돌아다닐 정도로 여행을 사랑하는 사람이었기 때문이다. 99개국! 나는 깜짝 놀라 그녀에게 몇 살이냐고 물었다. 그녀는 고작 29세였다. 99개국을 다녀온 29세 소녀의 경험은 나의 예상을 훨씬 뛰어넘었다. 30여 개국을 다니는 것도 쉽지 않은 일인데 어린 나이에 그런 경험을 했다는 것은 참으로 놀라웠다. 나는 그녀에게 어느 나라가 가장 기억에 남는지를 물었다. 그녀는 '체첸'이라고 했다. 이후 나는 그녀와 함께 체첸에 다녀올 기회가 있었다. 풍경 말고도 사실 더 궁금한 것은 그녀의 이야기였다.

만 권의 책을 읽는 것보다 만 리 길을 가는 것이 낫고, 만 리 길을 가는 것은 수많은 사람을 만나 보는 것보다 못하다. '독서, 여행, 사람'을 만나는 것, 세 가지 모두 내가 가장 좋아하는 것이기 때문에 나는 그 여행 동안 풍경을 보는 것 외에 그녀의 인생 이야기를 계속 들었다.

99개국을 다녀오려면 도대체 얼마만큼의 여행경비가 필요할까? 나는 그녀가 재벌 2세라고 생각했다. 그런데 알고 보니 그녀는 세계를 돌아다니는 데 부모님 돈을 한 푼도 안 썼을 뿐만 아니라 심지어 많은 돈을 벌고 있었다. 많은 젊은이들이 집 문제로 허덕이고 있지만, 그녀는 베이징에 자신의 집 한 채까지 마련해 놓았다. 그녀는 아름다운 풍광을 즐기며 세계 각지의 음식을 즐기며 여행했다. 그녀는 어떻게 그렇게 할 수 있었을까? 그녀는 수능이 끝난 여름방학 때 진정한 의미의 놀이를 시작했다. 그녀는 당시의 자신을 '방목된 산돼지'에 비유하며 고향 항저우杭州 주변에서 철저히 '놀고 즐겼다'고 한다. 학생들의 여행을 가로막는 가장 큰 문제는 '가난'으로 대부분의 학생들이 여행을 포기한다. 일을 해서 돈을 벌고 난 후에 여행하려고 한다. 그러다 보니 바쁘고 가난은 더 심각해져 여행은 더욱 요원한 일이 되고 만다. 그러나 이 가난이란 게 겁쟁이의 발길은 막지만 용감한 자에게는 꿈으로 향하게 하는 계단이 될 수 있다. 그녀는 그런 용감한 사람이었고, 가난은 세상을 보고 싶어 하는 그녀의 발걸음을 막지 못했다. 언론학과를 졸업한 그녀는 자신의 장점을 살려서 여행 경험을 써서 원고료를 받았고 그것으로 다음 여행에 쓸 자금으로 삼았다. 이 필사적인 노력으로 그녀는 대학원생이 되기까지 거의 중국의 모든 성과 도시를 두루 다닐 수 있었다.

그녀와 마찬가지로 나도 한때는 세계를 여행하는 가난한 사람이었다. 나는 대학생 시절부터 세계를 여행하길 바랐지만, 빈농의 자식으로 끼니를 해결하기도 어려웠다. 하지만 나는 포기하지 않았다. 많은 사람이 밖으로 나가 세상을 보고 싶어 하므로 이것이 절호의 비즈니스 기회가 아닐까 하는 생각이 들었다. 그래서 단체 유학 프로그램을 시작했고 30대 초반엔 몇 년 동안 수백 명의 기업가와 함께 30여 개국을 돌아다니며 세계 500대 기업 수십 곳을 찾아다녔다. 그러면서 아름답고 청정한 자연 풍광과 다양한 풍속을 보았고 수많은 기업가의 노하우를 보고 배웠다. 나 또한 그녀처럼 돈을 쓰는 것이 아니라 돈을 많이 벌었다.

안전지대가 너무 편안하면 꿈을 쉽게 망칠 수 있다

가난이 절대로 세계 일주를 제한하는 이유가 될 수 없다. 그녀 역시 평범한 집안 출신이었다. 그녀는 여행을 좋아하고, 여행 중 받은 느낌을 사진과 함께 블로그에 올렸다. 몇 년 동안 블로그를 운영하자 여행지의 고객들이 자발적으로 찾아와 협력을 제안했다. 2014년에는 기회가 더욱 늘었고 그녀는 퇴직을 결심하고 KOLKey Opinion Leader(웨이보에서 말을 걸 수 있는 사람을 지칭)로 전업했다. 물론 글 좀 쓴다고 여행 KOL이 되는 것은 아니다. 팬덤을 쌓는 데 시간이 걸려 쓰다가 포기하는 경우가 많다. 그러나 미지의 세계에 대한 궁금증은 그녀를 지탱해 주었고, 그녀의 카메라 속 초목과 벽돌은 그녀에게 세월의 흐름을 묵묵히 이야기해 주었다. 그렇게 한 글자 한 글자가 탐구를 향한 경건한 열정으로 채워졌다. 그녀의 용기와 작품은 더 많은 보답을 가져왔고, 많은 광고주가 그녀를 찾기 시작했다. 그녀는 길을 걸을수록 영향력이 커지고, 갈 곳은 점점 더 많아졌으며 더 많은 보수를 받았다. 보통 사람들은 돈이 생기면 놀러 가지만, 비범한 사람은 놀면서 부자가 된다.

닭이 있고 알이 있는가? 아니면 알이 있고 닭이 있는가? 이것은 역사적인 난제다. 그런데 왜 우리는 이런 무료한 물음에 매달릴까? 둘 중 하나만 얻으면 자연히 다른 하나를 얻을 수 있다는 것을 알면 되지 않을까? 닭이 먼저냐 알이 먼저냐와 비슷한 문제는 일상에서 비일비재하다. 돈이 있어야 공부할 수 있을까, 아니면 공부를 해야 돈이 생길까? 능력이 생기고 일을 하는가, 아니면 일을 해야 비로소 능력이 되는가? 몸이 좋아진 후에 운동을 하는가? 아니면 운동을 한 후에야 몸이 좋아지는가? 돈이 생긴 후에 결혼할까, 아니면 결혼을 해야 돈이 생길까? 등등.

'돈이 생기고 여행을 떠나야 하느냐, 아니면 여행해야 돈이 생기느냐'는 여러 문제 중 하나일 뿐이다.

살면서 적지 않은 사람들이 여기에 얽매여 출구를 찾지 못한다. 사실 어느 것이 먼저인지가 중요한 것이 아니라 지금 당장 첫발을 내디딜 것인지가 중요하다. 시작도 안 했는데 어떻게 끝을 말할 수 있겠는가.

뭔가를 시작하지 못하게 하는 것은 돈도 아니고, 다른 유형의 조건도 아닌 자신의 마음과 사고에 내재된 제한적 신념이다. 누군가는 "그녀는 싱글이라서 가정을 돌볼 부담이 없으니 자유자재로 뛰어다닐 수 있다. 나는 챙겨야 할 윗사람도 아랫사람도 있고 집안일도 해야 하는데 어떻게 떠날 수 있겠는가?" 하고 말할 수 있다.

하지만 사실 인생의 매 단계마다 떠날 수 없는 이유는 너무 많다. 오늘은 자녀 또는 손주 돌보는 문제, 부모님 문제, 내일은 회사 일에 발목이 잡혀서…. 그런데 아마 대부분 자신이 누리는 편안한 지역을 벗어나지 않으려 할 뿐이라는 것을 깨닫지 못할 것이다. 안전지대가 너무 편안하면, 꿈을 쉽게 망칠 수 있다. 원하는 곳에 시간을 투자하면 시간은 많은 즐거움을 돌려줄 것이다. '시간이 생기면 세계여행을 해야지.', '돈이 생기면 여행을 가야지.'라는 신념을 안고 산다면 평생 남을 부러워하며 살 수밖에 없을 것이다. 한 발짝도 움직이지 않을 테니까 말이다.

✦

"다른 사람을 부러워하기보다
용감하게 첫발을 내딛어라!
안전지대를 벗어나
이전에 가보지 않은 세상을 경험하고 지켜보라!
그러면 많은 것을 얻을 수 있을 것이다."

과거의 상처와
사이좋게 지내는 법

누구나 가슴 깊은 곳에 잊지 못할 상처와 아픔이 있다

수강생인 한 여성은 과거의 상처에 빠져 지내던 사람이었다. 한 번은 수업에서 '갈등'을 제대로 파악하는 법을 가르치던 중 그녀가 손을 들더니 자신의 문제를 해결해 달라고 했다. 처음으로 강단에 서는 어색함에도 불구하고 그녀는 두 손으로 마이크를 꼭 잡고, 눈빛은 매듭을 풀고 싶은 간절한 기대감이 묻어났다. 나의 격려에 그녀는 천천히 3년 전의 일을 이야기하기 시작했다.

"동생과 함께 ○○병원에 건강검진을 받으러 갔어요. 그런데 뜻밖에도 그곳에서 의사는 동생에게 시한부 판정을 내렸어요. 1년 뒤 정말로 동생은 백혈병으로 죽었어요⋯."

자신을 의지하던 동생의 죽음을 지켜보며 그녀는 깊은 무력감과 슬픔에 빠졌다. 그녀는 의사의 말이 동생에게 강한 심리적 암시를 줬기 때문에 세상을 떠난 것으로 생각했다. 동생의 치료를 위해 이런저런 방법을 권할 때마다 동생은 "나랑 누나는 달라. 누나는 할 수 있지만, 난 못해⋯."라고 말했다고 한다.

"지금은 속이 불편할 때마다 통증이 온몸으로 번져 머리부터 발끝까지 신경 하나하나가 곤두서요. 동생을 그 병원에 데려가지만 않았다면⋯, 그 의사가 그런 말을 하지만 않았다면⋯ 동생이 떠나지 않았을 거라고 생각해요."

그녀의 말을 듣고 나는 딜레마에 빠졌다. 이것은 단순한 타인과의 갈등이 아니라 자신과의 깊은 갈등을 동시에 담고 있었기 때문이다. 죄책감, 원망, 자책하는 마음 등 다양한 감정들이 내재해 있었다. 이를 치료하기란 절대 쉽지 않다. 그러나 한편으로는 그녀가 3년 넘게 시달려온 이 일을 해결하지 않으면 그녀의 영혼은 계속 그 무거운 짐을 지고 힘든 일생을 살게 될지도 모른다. 하물며 그녀가 마음을 열고 도움을 청하지 않았는가. 이 점이 중요하다. 마음을 열려는 사람은 힘이 있다.

"제가 동생을 죽였어요."

그녀는 중얼거리듯 흐리멍덩한 눈빛으로 눈살을 찌푸리며 혼잣말처럼 말했다.

"지금 얼마나 힘들어하는지 잘 알겠어요. 그 슬픔에서 동생을 향한 깊은 사랑이 느껴지고, 의사를 향한 미움이 느껴지고, 자신에 대한 책망이 느껴지네요."

나는 차분하게 말했다.

"만약 모든 것이 바라는 대로 된다면 우리가 이야기한 후에 어떤 결과가 있기를 바라나요?"

그녀는 잠시 망설이다가 말했다.

"동생이 살아 돌아오길 바랍니다."

"좋아요, 내가 조금 이따가 동생을 데리고 와서 얘기 좀 나누게 해 줄게요."

나는 그녀에게 먼 곳을 응시하게 했다. 그러곤 물어보았다.

"무엇이든 일어날 수 있다면 미래가 어떻게 되기를 바라나요?"

"예전처럼 자신감 있고 건강하고 활동적인 제가 되었으면 좋겠어요. 동생을 대신해 엄마 아빠를 더 잘 돌보고 싶고요."

"음, 그럼 자기 직업이 있어야 효도도 하고 부모님도 잘 돌볼 수 있지 않을까요? 이게 동생도 원하는 일이겠죠?"

나는 그녀의 눈길이 닿는 공간을 바라보며 물었다.

"그럼 당신은 에너지가 있고 역동적이겠네요?"

그녀는 고개를 끄덕였다.

"그런데 지금의 당신은 어떤 모습일까요?"

"슬픔과 자책 속에서 스트레스가 이만저만이 아니에요."

그녀는 모처럼 내비치던 약간의 웃음을 갑자기 거두었다.

"3년 넘게 잠을 못 자서 정신이 괴로워요."

"만약 동생이 천국에서 누나의 지금 모습을 본다면 어떻게 생각할까요?"

나는 손가락으로 하늘을 가리키며 그녀에게 가볍게 물었다.

"괴로워할 거예요."

그녀의 눈에서 한줄기 눈물이 흐르더니 흐느끼기 시작했다.

"3년 동안 누나가 동생이 자신 때문에 죽었다고 생각하고 자기 탓만 하며 깊은 죄책감에 빠져 있는데 동생이 어떻게 생각하겠어요?

그도 그렇게 생각할 것 같나요?"

"동생은 그렇지 않을 거예요. 그 아이는 제가 계속 자신을 도와 병을 치료하려고 한 것을 알고, 병에 걸린 것이 누나와 관련이 있다고 생각하지 않을 거예요. 그런데 그런 생각이 절로 들어요."

"죄책감, 고통은 그 생각에서 나온 것 같군요. 지금 이렇게 힘들게 사는 게 동생이 바라는 것일까요?"

나는 계속 손가락으로 하늘을 가리키며 물었다.

"당연히 원하지 않겠죠. 동생은 제가 자기 대신 부모님께 효도하고 동생의 자식들을 뒷바라지해 주길 바랄 거예요."

"그런데 지금처럼 살면 동생의 기대에 보답할 수 있을까요? 하늘에서 동생이 안심할 수 있겠어요?"

"하지만 저도 그러고 싶지 않은데, 흑흑…."

"동생의 유언을 이루려면 부모님께 효도해야 하고 동생의 자식도 돌봐야 하는데, 본인은 누가 돌봐주나요?"

그녀는 울음을 그치고 생각에 잠겼다.

"나는 당신이 자기 탓만 하는데 어떻게 주변 사람을 돌볼 수 있는지 유심히 살펴봤어요. 먼저 자기 자신을 잘 돌보는 것이 중요해요. 계속 이렇게 살아간다면 갈수록 몸이 나빠질 텐데 동생의 바람은 누가 들어주겠어요? 동생이 안심할 수 있도록 자신을 잘 보살피겠다고 말할 수 있나요?"라고 부드러운 목소리로 그녀에게 물었다.

그녀는 하늘나라 어딘가에 동생이 있는 것처럼 허공에 대고 속삭이기 시작했고, 동생에게 안심하라며 자신을 잘 돌보겠다고 말했다. 그리고 자신의 일을 열심히 하고 부모와 조카도 잘 돌보겠다고 했다. 나는 그녀가 이 말을 하고 나서 긴 한숨을 내쉬는 것을 보았다. 깊이 팬 미간이 어느새 펴졌고 그녀의 얼굴에 미소가 번졌다.

그저 과거에 매달려서는 멀리 갈 수 없다

나는 이 사례를 다루며 '위치감지법'에 '빙산의 원리'를 더했다. 이는 당사자가 다른 사람의 위치로 가서 다른 사람의 내면에 있는 빙산을 감지하도록 하는 것이다. '빙산의 원리'는 사람의 의식을 해수면에 떠 있는 빙산의 일각에 비유하는 것으로, 인간의 잠재의식은 해수면 아래의 거대한 빙산처럼 우리 눈에 보이지 않는 부분이다. 그 안에는 내면의 느낌, 관점, 기대, 갈망 등을 담고 있다.

당사자는 모르지만 제삼자는 안다. 자신의 자리에 있을 때 그녀는 막막했다. 나는 위치감지법을 통해 동생의 위치를 알려 줬고, 그녀는 동생의 생각을 또렷이 느끼며, '내가 동생을 죽였다'는 3년 넘게 고통에 빠뜨렸던 관점을 내려놓을 수 있었다. 그 관점은 그녀를 죄책감과 자책감 속에서 살게 했던 것이다.

그다음으로 나는 그녀를 그 당시 의사의 자리로 데려가 그의 느낌을 느끼고, 그의 생각과 기대, 갈망을 알아보는 수법을 썼다. 의사의 자리에서 그녀는 전문지식과 경험이 많은 의사로서 동생이 병이 났다는 사실을 쉽게 판단할 수 있었던 것이지 의사의 말 한마디가 동생을 죽게 한 것이 아님을 깨달았다. 의사는 환자에게 좋은 뜻으로 본인이 병을 인지하고 제때 치료를 받으라고 한 것이다.

위치감지법과 빙산의 원리를 통해 나는 그녀에게 사건의 진실을 보여 주었다. 그녀가 의사를 계속 미워할 순 있다. 왜냐하면 의사가 동생에게 상처를 준 것은 사실이기 때문이다. 그러나 그녀는 의사의 그 말이 동생을 아프게 했다고 생각해 의사는 물론 자신을 미워하게 만들었던 것이다. 이 생각을 내려놓으면서 그녀는 자신도 놓아주었다.

내려놓으면 편해질 수 있다. 이튿날 수업에서 그녀의 얼굴은 암울했던 모습에서 복숭아꽃처럼 환하게 빛났다. 자신을 괴롭히는 것은 외형적인 사건도, 그 누군가도 아닌, 과거에 일어난 사건과 만났던 사람에 대한 '자기 해석'이다. 그것은 때로는 자신을 감옥에 가둔다. 그래서 우리는 모두를 설득할 수는 있어도 자신을 설득하지 못할 때가 많다. 그러나 과거의 잘못이나 상처에만 매달려서는 우리 인생이 길게 갈 수 없다. 안타깝고 미안할수록 우리 인생에 늘 악몽이 된다.

✦

"이미 지나간 일을 우리는 바꾸지 못한다.
과거의 상처와 평화롭게 지내는 것을 배우며,
빛을 향해 나아가며, 열심히 내면의 상처를 치유하고,
더 나은 자신을 만들기 위해 노력하자."

충돌을 피해
당혹스러움을 받아들여라

톨리데의 법칙

프랑스 사회심리학자 톨리데는 "한 사람의 지능이 뛰어난지 아닌지를 테스트하려면 그의 뇌가 두 가지 상반된 관점을 동시에 수용하는지 그리고 그것이 처신을 방해하진 않는지 봐야 한다."라고 말했다. 이것이 유명한 톨리데의 법칙이다.

2000여 년 전의 성자인 공자도 "군자는 조화되지만 동화되지 않는다."라고 했다. 큰일을 하는 사람은 자신과 다른 관점을 받아들여야 한다는 것이 동서고금의 공통된 생각일 것이다. 그러나 다양한 관점을 받아들이는 것은 쉽지 않은 일이다.

얼마 전 A군은 내게 사이가 무척 좋았던 형과 어떠한 문제로 부딪혀 이젠 만나도 할 말이 없다며 울상을 지었다. 우리는 친하게 지내던 사람들과 더는 할 말이 없어지는 순간을 경험하기도 한다. 이는 어느 순간 상대방의 생각이 너무 날카롭거나 상대방이 내 생각을 보수적이라고 생각하거나 둘 중 하나이다. 두 사람이 마치 다른 세상을 사는 것처럼 어떻게 해도 같은 생각을 할 수 없다. 그래서 '유유상종類類相從'이란 말이 있다. 사람들은 각자 좁은 울타리 안에 갇혀서 밖을 내다보기 싫어한다. 과거에는 나도 그런 사람이어서 나와 관점이 다른 사람과 어울리는 것을 싫어했다. 때로는 비즈니스 때문에 어쩔 수 없이 관점이 다른 사람과 어울려야 할 때는 무척 답답해했다.

10여 년 전 심리학 콘퍼런스를 열어 세계적인 심리학자들을 열 명 가까이 초청해 특강을 한 적이 있었다. 의전을 쉽게 하기 위해 나는 전문가들을 한 자리에 배치했다. 초청 강연자 중에 미국의 협상 전문가 윌리엄 호튼이 있었다. 그는 그 자리에서 모두가 지켜보는 가운데 이렇게 말했다.

"팀(저자의 영어 이름)은 만만치 않은 사람이네요. 이렇게 본인을 최고라고 생각하는 사람들을 한 자리에 모으다니 정말 쉽지 않은 일인데 말이죠!"

그의 말이 채 끝나기도 전에 코끝이 찡해졌다. 좌중에서 담소를 나누는 전문가들은 모두 다른 학파에 속해서 누군가는 의견이 달라 팽팽히 맞서기도 하고 여러 곳의 많은 자리에서 경쟁하고 우열을 가리던 사람들이었다. 이런 사람들을 차분하고 화기애애하게 한 테이블에서 식사하게 하기 위해 얼마나 많은 어려움을 겪었는지는 나 자신만 알고 있었다. 그런데 윌리엄 호튼의 그 짧은 한마디가 내가 겪었던 고통을 모두 들춰냈다.

물론 지금 나는 다른 생각, 다른 성격을 가진 사람들과 잘 어울릴 줄 알게 됐다. 큰일을 하기 위해선 반드시 다른 이념과 특질을 융합할 수 있어야 한다는 것을 알았기 때문이다. 큰일을 하기 위해선 자신과 다른 관점과 생각을 수용하고 시대와 발맞춰 생각을 발전시키는 동시에 마음을 넓혀야 한다. 나는 비록 아직 톨리데가 말한 것처럼 살지는 못하지만, 지금의 내가 이전의 나보다 훨씬 더 발전했다는 것을 안다.

내가 이번에 하고 싶은 이야기는 '우리의 뇌를 어떻게 개방할 것인가?'이다. 뇌를 개방해야만 우리는 나와 다른 것을 받아들일 수 있고, 인생도 점점 넓어질 수 있기 때문이다. 사실 주변의 많은 사람을 통해 이 점을 확신할 수 있다. 서로 다른 관점을 수용하는 사람들이 일을 잘하고, 행복한 결혼생활을 영위하고, 친구 사이도 원만하다.

그런데 왜 많은 사람은 항상 자신의 의견만 고집할까? 다른 의견을 듣는 순간 바로 공격할까? 어떤 사람들은 왜 밖을 공격하지 않기 위해 아예 습관적으로 자신을 억누를까? 왜 우리의 뇌는 자신과 다른 의견을 수용하기 어려워할까?

우리가 아는 것은 대부분 과거 경험을 기반으로 한다

사람들이 두 가지 이상의 관점을 받아들이지 못하는 것은 뇌가 서로 다른 관점에 직면할 때 충돌이 발생하기 때문이다. 충돌이란 뇌 속에서 찬반의 관점이 몸부림치는 것으로, '아마 과거처럼 그럴 것이다'와 '현재 이처럼 될 것이다' 사이의 불일치이며, '내가 맞다'와 '다른 사람이 맞다' 사이에 일어나는 다툼이다. 충돌은 사람 사이뿐만이 아니라 자신의 내면 안에서도 꽤 자주 일어난다. 예를 들어 '나는 모른다'는 문제가 되지 않지만, '나는 모르지만 그래도 알아야 한다'는 것은 문제가 된다. '나는 모르지만 알 필요가 있다'는 점에서 충돌이 일어나는 것이다.

우리는 이런 충돌에 어떻게 대처해야 할까? 나는 충돌을 당혹스러움으로 바꾸는 방법을 사용한다. 당혹스러움은 '과거에는 그랬다'와 '이처럼 될 것이다' 간에 불일치가 일어날 때 생긴다. 즉, 오늘 발생한 사건과 자신의 과거 인식 사이에 일어나는 불일치이며, 현재와 과거의 충돌이다. 과거와 현재를 구분할 수 있게 되면 당혹스러움은 다루기 쉬워진다.

'아마 그럴 것이다'가 반드시 옳은가? 만약 나의 '아마 그럴 것이다'가 과거에 그랬을 뿐이라면? 같은 맥락에서 자신이 줄곧 견지해 온 '내가 옳다'는 것 또한 과거의 사례에서만 그랬을 뿐이다. 우리의 많은 인식은 과거의 경험 위에 세워져 있고, 우리가 '아마도 그럴 것'이라고 생각하는 근거는 과거의 모습에 근거한 것이다. 시간은 끊임없이 흘러가고, 상황은 시시각각 변하는데 이전의 관점이 지금도 시의적절할까?

이 안에 시간 프레임이 있다. '당혹스러움'은 서로 상충되는 두 가지 관점을 서로 다른 시간의 프레임에 놓는 데서 발생한다. 우리가 견지하는 '아마 그럴 것이다'라는 것을 '과거'의 시간의 프레임에 놓으면 우리는 이전의 관점에 집착하지 않고 다른 관점을 수용할 수 있는 새로운 공간을 열 수 있다.

충돌과 당혹스러움의 가장 큰 차이점은 충돌은 다른 관점, 다른 인식을 하나의 시간 프레임, 즉 현재에 둔 반면, 당혹스러움은 두 개의 시간의 틀, 즉 과거와 현재의 틀을 포함하고 있다는 점이다. 충돌은 자신과 다른 사람을 배척하기 때문에 자만에 빠질 수 있다. 반면 당혹스러움은 미지의 세계로 발을 내딛게 하여 새로운 답을 찾게 한다. 과거의 인식을 고집하지 않을 때 우리는 새로운 가능성을 발견하고 끊임없이 성장할 수 있다.

마음을 열고 관용할 때 나의 세계는 더 넓어진다

우리는 자신과 다른 관점을 가진 사람 앞에서 어떻게 해야 할까?

먼저 자각하라. 자신의 인지를 '과거'에, 상대방의 인지를 '현재'에 두어야 한다고 자신을 일깨워라. 하나의 관점을 과거 기준이라고 하고, 다른 관점은 현재나 미래를 기준으로 하는 것이다. 지금의 관점이 꼭 맞는 것은 아니더라도 뇌가 저장할 공간을 열어두면 이전의 충돌은 당혹스러움으로 바뀔 것이다. 누군가가 만약 마음속에 당혹스러움이 있다면 그는 가서 이해하고 배우고 성장하는 계기로 삼아라. 당혹스러움이 점차 해결되면서 우리의 세계도 점점 커질 것이다. 이는 수소와 산소를 제한된 공간에 같이 보관할 경우 불을 붙이면 폭발하지만 서로 다른 공간에 두면 괜찮은 것과 같은 이치다. 물론 때론 두 가지 생각이 충돌해야 새로운 생각이 떠오르는 경우도 있다.

대개 충돌은 갈등을 증폭시키고, 당혹스러움은 우리를 끊임없이 성장시킨다. 개방하고 포용하면 세상이 더 넓어진다. 뇌의 개방과 포용하는 능력을 의식적으로 단련하고, 자신과 다른 관점을 가진 사람들과 함께 지내는 것이 우리와 전혀 다른 사람들의 세계를 알아가고 포용심을 넓히는 데 도움이 될 것이다. 계속 이렇게 지내면 우리는 톨리데가 말한 것처럼 스스로 완전히 상반된 관점을 보전하면서도 정상적으로 행동할 수 있는 인지가 뛰어난 사람이 될 거라고 나는 믿는다.

"자신이 줄곧 견지해 온
'내가 옳다'는 것 또한 과거의 사례에서만 그랬을 뿐이다.
시간은 끊임없이 흘러가고,
상황은 시시각각 변하는데
이전의 관점이 지금도 시의적절할까?"

두통이 전하는
메시지를 외면하지 마라

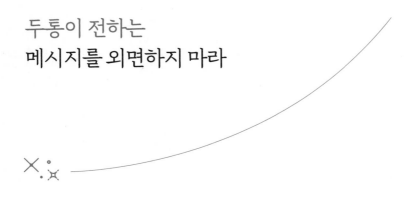

모든 일에는 그 너머에 숨어 있는 욕구가 있다

21세기 과학 기술은 이미 고도로 발전했지만, 많은 질병은 여전히 현대 의료 기술로 고칠 수 없다. 하지만 심리학으로 접근한다면 고질적인 문제를 고칠 수 있다. 믿기 어려운가? 두 가지 실제 사례를 들려주겠다.

우리 회사에 매우 우수한 직원이 있었다. 그녀는 열성도 있고 능력이 뛰어났으며 고객과의 관계도 매우 잘 처리하는 인재였다. 하지만 건강이 좋지 못해 주기적으로 병가를 내고 쉬어야 했다.

그녀는 몇 개월 간격으로 한 번씩 병을 앓았다. 이런저런 약을 먹어도 소용이 없었다. 어느 날 그녀가 휴가를 너무 많이 내 회사 규정을 어기는 바람에 나를 찾아왔다.

"도대체 어떤 병이길래 이렇게 고치기 어려운 겁니까?"

"큰 병은 아니에요. 위염인데 어릴 때부터 쭉 그랬어요. 저는 위장이 좋지 않아 주기적으로 재발해요. 심각한 병은 아니지만 너무 힘들어요. 제가 아플 때마다 어머니가 시골에서 돌보러 와 주세요."

"아플 때마다 어머니가 당신을 돌봐 주나요?"

"네, 어머니가 옆에 있으면 병이 좀 빨리 낫는 것 같아요."

나는 의아했다. 어머니를 모시고 함께 살면 되지 않을까 싶었다. 그녀는 한숨을 쉬더니 말했다.

"단장님은 몰라요. 저에게 장애가 있는 오빠가 있는데 어머니는 평소에 오빠를 돌보세요. 그래서 저는 몸이 안 좋을 때만 어머니한테 부탁해서 도와달라고 하는 거예요."

그녀의 말을 듣자 나는 뭔가 느낌이 왔다. 그녀에게 어렸을 때도 몸이 안 좋았냐고 물어보았다.

"어릴 땐 괜찮았어요. 부모님은 늘 제가 철이 빨리 들었다고 하면서 걱정 안 해도 된다고 하셨어요. 중학교 때 위염에 걸린 기억이 있긴 한데 그땐 거의 2주간 병원에 있었어요."

"그때부터 몸이 안 좋았던 건가요?"

"단장님이 그렇게 말씀하시니 진짜 그랬던 것 같네요. 중학교 졸업 후 외지로 공부하러 갔는데 그때부터 몸이 안 좋아졌어요. 바깥 환경이 저랑 안 맞아서 그런 것 같아요."

"혹 어머니를 떠난 지 오래돼서 아픈 것이 아닐까요?"

그녀는 겸연쩍게 웃었다. 지금쯤 그녀의 병이 어머니의 관심을 끄는 수단이라는 것을 눈치챘을 것이다. 물론 그녀가 그것을 의도한 것은 아니지만 어릴 적 경험으로 잠재의식에 '사랑받고 싶다면 아파야 한다'는 방법이 들어 있었을지도 모르겠다. 아이들은 모두 부모의 관심을 받고 싶어 한다. 하지만 그녀는 선천적으로 장애를 앓는 오빠가 있어 부모의 관심이 그에게 더 쏠릴 수밖에 없었고 그녀는 어느새 소외감을 느꼈다. 어느 날 병이 났을 때 그녀는 온 가족의 관심이 자기에게 쏠린다는 걸 느꼈다. 질병으로 몸은 고통스러웠지만, 심리적으로 따뜻함과 만족감을 얻었고, 그래서 그녀의 잠재의식은 병을 통해 사랑받는 법을 배웠다.

내가 그녀의 잠재의식을 그녀 앞에 꺼내놓았을 때, 그녀는 알아차렸다. 나는 그녀에게 분기마다 고향 집에 돌아가 부모님을 뵙거나 일정 시간 간격으로 부모를 모시고 광저우에 와서 함께 생활하기를 권했다. 그 후로 그녀의 위염은 치료되었다.

모든 일에는 그 너머에 꼭 숨어 있는 '욕구'가 있다. 아픈 것조차 다른 사람의 관심을 끄는 수단이었던 것이다.

몸의 통증이 말하는 것들

멘토 강의 과정에서 더 신기한 사례가 있었다. 배동이라는 수강생은 수업에 올 때마다 모자를 쓴다. 옷과 어울리는 스타일이 아니라 보온성 모자를 썼다. 다른 수강생들이 그녀에게 왜 항상 모자를 쓰느냐고 물었다. 그녀는 편두통이 있는데 줄곧 잘 낫지를 않는다는 것이었다.

나는 잠재의식 속 자아와의 대화를 유도했다. 그녀는 나의 인도 아래 천천히 심호흡했고, 자신의 주의를 두통에 완전히 집중했다. 점점 코 양쪽에서 땀방울이 솟았다. 나는 그녀가 이미 통증을 느끼는 것을 알고 이 통증을 받아들이고 두통이 그녀에게 말하고 싶은 바가 무엇인지 물어보라고 말했다.

"나는 두통이 저에게 무엇을 알려 주려고 한다고 생각하지 못했어요. 그저 아픈 줄만 알았어요."

보통 사람들은 생활 속의 각종 외형적인 스트레스에 대처하는 것에 지쳐서, 그 안을 들여다보는 데 매우 익숙하지 않다는 것을 안다. 잠재의식과 대화하는 것은 말할 것도 없다. 그래서 이럴 때는 인내심이 필요하다.

"어쩌면 지금 이 순간에 두통이 당신에게 무엇을 말하려고 하는지 깨닫지 못할 수도 있어요. 하지만 만약 지금 이 통증이 정말로 당신에게 무언가를 일깨워 주려고 하는 거라면 무엇을 말하는 걸까요?"

심리학에서는 이 말을 '마술 언어'라고 부른다. 질문을 마치고 나는 조용히 답을 기다렸다. 잠시 침묵이 흘렀다.

"밤을 새우지 말라고 제게 주의를 주네요."

그녀는 가볍게 내뱉었다.

"네, 두통이 당신에게 밤새지 말라고 계속 주의를 주는데, 그렇게 했나요?"

"아니요. 그냥 두통에 어떻게 대처해야 할지에 집중했어요. 그래서 약을 먹어서 두통을 없애고 일에 방해되지 않도록 할 생각이었어요."

"이제 다른 방식으로 대응해 봅시다. 두통에게 말해 보세요. 그동안 나에게 밤을 새우지 말라고 지속적으로 알려 줘서 고마워요. 오늘부터 나는 당신에게 일과 휴식 시간을 조정해서 다시는 밤을 새우지 않겠다고 약속할게요. 오랜 시간 깨우쳐 줘서 고마워요."

나는 그녀가 나를 따라 한 글자 한 구절씩 읽게 했다. 그 후 나는 그녀가 전반적으로 편안해진 것을 알 수 있었다. 이후 10년 넘게 그녀를 괴롭혔던 편두통이 사라졌다.

어쩌면 이 글을 읽고 허무맹랑한 말을 한다고 느낄 수도 있다. 정말 그렇게 효과가 있을까? 만약 주변에 비슷한 난치병을 앓는 사람이 있다면, 의심하기보다는 한번 시도해 보라.

감정 해소를 위해 신체를 공격하다

만약 좋지 않은 감정(스트레스)이 해소되지 않을 경우, 이러한 잉여 에너지는 구체적인 모습으로 나타나기도 한다. 세계보건기구 WHO는 70퍼센트 이상의 사람들이 자신의 신체를 공격하는 것으로 감정을 푼다고 지적했다. 특히 소화기관과 피부, 성 기관은 심각한 재난지역이다.

한 과학자는 매우 가치 있는 연구를 제공했다. 그는 감정을 담은 세포들이 사람의 몸 전체에 퍼져 있다고 보았다. 우리의 피부에 마치 작은 화산이 계속 폭발하는 것 같은 각종 염증이 올라오는 것은 자신이 매우 화가 났으니 분노의 표현을 보고 하소연을 들어달라고 하는 것이라고 했다. 위가 간간이 아픈 것은 매일 그렇게 긴장하고 살 필요가 없다고 알려 주는 것이다. 흔히 볼 수 있는 긴장성 두통과 편두통은 높은 초조감에서 비롯되기 때문에 성미가 급하고 완벽주의를 추구하는 사람들이 일반인보다 편두통을 더 많이 겪는다는 것이다.

　이런 신체 증상에 우리는 어떻게 대처하고 있을까? 소설가 왕
샤오보王小波는 이런 이야기를 썼다. 고대에 좋은 소식 듣기를 좋아
하는 국왕이 살았다. 그는 병사나 신하가 그에게 나쁜 소식을 전
하면 화가 나서 그 사람을 끌고 나가 참수했다.
　이 국왕이 매우 포악하고 황당하다고 생각하는가? 그러나 대
부분의 사람이 이 국왕처럼 황당하다. 우리는 이 국왕처럼 '부정
적 메시지'를 베어 버린다. 질병은 전령과 같다. 예를 들면, 머리
가 아플 때 진통제를 먹어서 빠르게 통증을 없앤다. 유감스럽게도
우리가 없앤 것은 잠시 동안의 두통인 통증뿐이다. 나중에 두통
은 또다시 찾아온다. 그래서 많은 사람이 평생 질병과 싸우는 것
이다. 질병은 몸이 불공평한 대우를 받고 있어서 아우성치는 것과
같다.
　두통은 적당한 휴식이 필요하다는 신호를 주는 것이다. 두통이
전하는 진실한 메시지를 받지 못하면, 그것은 계속해서 찾아올 수
밖에 없다. 진실한 메시지를 받으면 그 임무가 완수되고, 마치 우
편물을 배달한 우편배달부처럼 금세 눈앞에서 사라질 것이다.
　몸에 어떤 증상이 나타나면 대항하기보다는 다음과 같은 순서
에 따라 대화를 나눠 보자.

1. 충분히 느끼고 경험하라.

2. 그것의 소리를 듣고 무엇을 알려주고 싶냐고 가만히 물어보라.

3. 그것에게 감사하라.

4. 그것이 알려 주는 대로 하겠다고 약속하라.

만약 이 몇 가지 순서에 따라 할 수 있다면 증상은 일반적으로 모두 사라질 것이다. 어떤 질병은 심지어 신기하게도 치료하지 않고도 나을 것이다. 마음의 병은 마음의 약으로만 치료할 수 있다.

✦

"모든 일에는 그 너머에
꼭 숨어 있는 욕구가 있다.
아픈 것조차 다른 사람의 관심을 끄는
수단일 수 있다."

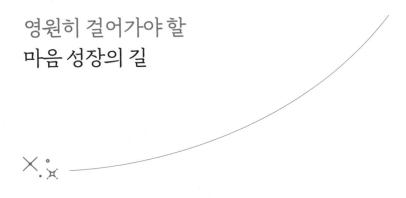

영원히 걸어가야 할
마음 성장의 길

행복은 어디서 오는가?

저명한 심리학자 융은 자서전에서 인간은 두 번 사는데, 한 번은 남을 위해, 다른 한 번은 나를 위해 산다고 했다. 인생을 살아가는 가장 좋은 상태는 자신을 위해 살면서 동시에 주변 사람에게도 영양을 공급할 수 있는 것이라고 생각한다.

지인 중에 일찍이 성공하고 명예를 얻은 사장이 있었다. 그와 몇 마디 나누기도 전에 그는 바로 한탄하기 시작했다.

"에휴, 요 몇 년을 너무 따분하게 살아왔어요. 제가 흥분할 만한 일이 더 이상 없네요. 생각해 보니 저는 처음 창업했을 때가 가장 좋았던 것 같아요. 물론 힘들었지만 재미는 있었어요."

그의 말을 듣고 나는 깜짝 놀랐다. 그는 많은 사람이 부러워하는 인물이었고, 10년 전에 해외 시장에 상장될 정도로 성공한 인물이었기 때문이다. 많은 사람이 성공하고 명예를 얻고 나면 이제 삶을 누리는 일만 남았다고 생각한다.

비슷한 사례가 많다. 심리 트레이닝 과정을 통해 내 주변에 가장 많은 계층은 중국에서 가장 먼저 부유해진 사장 계층이다. 그들과 스승, 친구, 혹은 제자의 관계로 지내면서 그들은 내게 남들에게는 쉽게 말하지 못하는 속내를 털어놓곤 했다. 그저 푸념일 때도 있고 적극적으로 해결하고 싶어 할 때도 있었다. 창업할 때 그들은 돈이 생기면 행복해질 것이라는 단순한 생각을 한다. 그러나 오늘날 그들은 부를 얻었지만, 행복은 어디에 있는지 알 수 없고, 그들의 고민과 곤란함은 여전히 남아 있으며 심지어 이전보다 더 많아졌다. 비싼 외제차, 대저택, 각종 사치품, 선망의 눈길은 결코 마음을 행복하게 하지 못한다.

부는 행복과 쾌락의 필수조건이 아니다. 돈이 얼마나 많은지, 어떤 관직에 올랐는지, 집이 얼마나 넓은지, 차가 얼마나 비싼지와는 상관없다. 가난한 사람도 즐겁지 않고, 부자도 즐겁지 않다면 도대체 행복은 어디에 있는 것일까? 우리의 길은 또 어디에 있을까?

마음의 성장, 어디로 가야 할까?

심리학은 인간의 성장을 크게 '기생기, 의존기, 반항기, 성숙기'
의 단계로 나눈다. 만약 단계마다 충분한 심리적 영양분을 얻을
수 있다면, 마음도 영양을 공급받고 건강하게 성장하며 자연히 다
음 단계로 성장할 수 있다. 하지만 안타깝게도 현실의 절대다수
는 성장환경 및 부모 교육의 영향으로 인해 순조롭게 나이에 상응
하는 단계로 진입하지 못한다. 그래서 우리는 심심찮게 퇴직한 후
에도 누군가에게 절절매며 평생을 순종하며 사는 사람을 본다. 또
어떤 사람은 30~40대가 되도록 스스로 결정을 내리지 못해 심리
적으로 계속 '기생기'에 머물기도 한다. 반대로 자신과 다른 관점
이나 권위에 부딪히면 무조건 대항하는 사람이 있는데, 전형적인
'반항기' 모델이다.

진정으로 성숙한 사람은 자신은 물론 다른 사람을 존중하고,
다른 관점과 개성을 포용하며, 서로 다른 성격의 사람들과 즐겁
게 어울린다. 자신과 주변인까지 배려하면서 전체와 사회를 배려
한다. 충돌 앞에서는 중립적으로 자신의 관점을 전달하여 유쾌하

게 협업을 이루어 간다. 심리학자 버지니아 사티어는 이런 능력을
'일치성 소통'이라 부른다.

그렇다면 왜 어떤 사람들은 인격이 제대로 발전하지 못하는 것
일까? 심리학 연구를 통해 어떤 단계에서 마음의 영양분을 충분
히 받지 못하거나 트라우마를 입어 마음의 발달에 병이 생기거나
어느 단계에 멈추게 되면 다음과 같은 세 가지 유형의 인격이 나
타날 수 있다고 밝혀졌다.

A유형:

기생기를 벗어나지 않고, 완전한 자아 없이 절절맨다.

B유형:

자아가 좀 형성됐지만 충분히 발전하지 않았다. 이런 사람은 일을 하며 생
존의 압력에 못 이겨 자신을 억누르고 남의 비위를 맞추게 된다.

C유형:

반항기에 있어서 누구를 만나도 반대를 위한 반대를 하며 부딪친다. 사사
건건 반대함으로써 존재감을 드러낸다.

인류 역사와 개인의 마음 성장이라는 두 그림을 함께 놓고 보았

을 때 나는 큰 깨달음을 얻었다. 인류 역사나 개인의 마음과 지혜의 발전은 공자가 말한 "군자는 조화하되 동화되지 않는다."의 방향으로 발전했던 것이다. 즉, 다양한 관점을 존중하고 다양한 사람들과 우호적으로 협력하며, 자연과 평화롭게 공존하는 것이 마음이 성장하는 방향이라는 것이다. 이런 경지에 도달하기 위해서는 대략 다음과 같은 단계를 거쳐야 한다.

1단계. 억압에서 자아 되찾기

보통 사람들은 생존 스트레스로 인해 많은 일에 타협하며 어쩔 수 없이 그것을 위해 즐거움을 포기하고 항상 자신을 억압한다. 이는 심리적으로 기생하거나 의존하는 단계다. 이 단계를 성공적으로 넘어서려면 다시 자아를 되찾고 자신의 진실한 욕구를 존중해야 한다.

2단계. 성숙한 자아

자아를 되찾을 때 남에게 상처를 줄 수도 있다고 생각하는 사람들이 많다. 사실 남을 존중할 줄 모르고 남과 잘 어울리지 못하는 사람은 아직 자아가 충분히 성장하지 못한 사람이다. 반대로 한 사람이 진정으로 자신을 존중할 줄 알면, 그는 자신을 존중하는 것처럼 남을 존중할 줄 알게 된다.

마음의 성장과 내면의 성장 법칙을 알고 나면 어디로 가야 할지 분명히 알게 된다. 완전히 새롭게 태어나는 것과 같은 인격 전환 과정을 통해 새로운 것을 섭취하고 새로운 출발을 하게 될 것이다. 이것은 사실 '의존기'에서 '반항기'로, 그리고 '성숙기'로의 도약을 위한 준비를 마친 것이고, 사티어가 말한 바와 같이 '새롭게 태어나기 위한 에너지를 축적'하는 것이다.

방향만 맞으면 길이 멀어도 두려워할 필요가 없다. 내면의 갈망을 좇아 앞으로 나아갈 때면 마음의 성장 지도를 먼저 내면에 놓아라. 그러면 길을 잃지 않는다. 마음의 성장은 하나의 길로, 우리는 영원히 그 길을 걸어야 한다. 우리가 일시적인 깨달음을 고착화하고 이것으로 충분하고 완벽하게 깨달았다고 생각할 때 성장은 멈춘다.

✦
"다양한 관점을 존중하고,
다양한 사람들과 우호적으로 협력하며,
자연과 평화롭게 공존하는 것이
마음이 성장하는 방향이다."

실패하지 않고
산다는 건 불가능하다.
지나치게 조심하여 아예 살지 않은 것처럼
산다면 모를까.
그런 삶은 그 자체로 실패다.
J.K 롤링